FAZHEXUE YUANLI YU SHIJIAN

法哲学原理与实践

董玉荣　秦媛媛　主编

江苏大学出版社
JIANGSU UNIVERSITY PRESS

镇　江

U0680350

图书在版编目(CIP)数据

法哲学原理与实践 / 董玉荣，秦媛媛主编. — 镇江：
江苏大学出版社，2020.3
ISBN 978-7-5684-1291-9

Ⅰ. ①法… Ⅱ. ①董… ②秦… Ⅲ. ①法哲学 Ⅳ.
①D903

中国版本图书馆 CIP 数据核字(2019)第 299203 号

法哲学原理与实践

主　　编/董玉荣　秦媛媛
责任编辑/汪再非
出版发行/江苏大学出版社
地　　址/江苏省镇江市梦溪园巷 30 号(邮编：212003)
电　　话/0511-84446464(传真)
网　　址/http：//press. ujs. edu. cn
排　　版/镇江市江东印刷有限责任公司
印　　刷/广东虎彩云印刷有限公司
开　　本/718 mm×1 000 mm　1/16
印　　张/12.5
字　　数/231 千字
版　　次/2020 年 3 月第 1 版　2020 年 3 月第 1 次印刷
书　　号/ISBN 978-7-5684-1291-9
定　　价/45.00 元

如有印装质量问题请与本社营销部联系(电话：0511-84440882)

序

长期以来，法学理论界关于法哲学与法理学的基本范畴及其研究对象的问题一直存在争论。吕世伦教授与文正邦教授主编的《法哲学论》和文正邦教授主编的《法哲学研究》为国内学者开展法哲学的研究与讨论提供了范本，但这两部著作没有严格区分法理学与法哲学的框架体系。事实上，我国学者关于法理学基本范畴的认知与研究经历了由浅入深的渐进提升过程，同时，法哲学又在辩证思维的视野拓展中升华了法理学研究。但有的学者认为，法理学与法哲学的研究范畴是完全不同的。因为"法理学是关于法的一般原理的科学，它主要是研究法的一般概念和原则，如法的性质、功能、价值、形式、要素、效力、权力与权利、法的责任、法律关系、法的体系、法的制定、法的执行、法的适用以及法治原理、法治与民主、人权等的关系、违法预防等。法理学要对这些法的一般范畴的科学内涵做出准确界定，并揭示它们在历史上的演变过程和未来的发展趋势，总结它们在实践中的正反两方面的经验。在法理学中，唯物论、辩证法只是一种方法。而在法哲学中，唯物论、辩证法成了研究对象本身"①。笔者认为，研究法哲学必须以法理学的研究范畴与研究对象为基础，同时以哲学的思维与方法分析探讨法理学所关注的基本范畴和重要内容。易言之，法哲学与法理学既有区别又有联系，法理学侧重于法的一般原理研究，法哲学侧重于法的辩证方法论研究；法理学本身就蕴涵着法律哲学与法律方法，同时法哲学研究不可能脱离开法理学所关注的基本问题。

基于以上基本认知，作者编写了这本《法哲学原理与实践》。

---

① 李步云：《法哲学为法学研究提供智慧》，《人民日报》，2014 年 6 月 20 日。

《法哲学原理与实践》主要沿着古希腊的法哲学原理至二十一世纪法哲学理论的脉络展开，并以法理学的基本范畴为基础，分析与阐释自由和平等、权利和权力、公正与秩序的价值理念。同时考虑到法律（非法学）硕士教学的需要，对法的基本构成要件、法律关系、法律责任等问题也做了基本分析与解读。

《法哲学原理与实践》结合中国特色社会主义法治文化的历史渊源，尤其是对党的十八大以来关于全面依法治国理念和法治现代化理论的新认知，从法治实践视野进行了有益的探索与分析，较好地体现了法哲学基本原理的实践应用。

《法哲学原理与实践》兼顾了法学硕士、法律（法学）硕士与法律（非法学）硕士的教学要求，在内容上进行了合理编排，涵盖了必要的基础知识和新知识，注重理论分析和背景实践，并在书后附有大量现实案例，可供学生学习训练。在体系安排上详略得当，轻重有序，既有教材简约的特点，又有学术严谨的风格。

《法哲学原理与实践》适应新时代法治人才培养的新特点、新要求，切实贯彻教育部与中央政法委《关于坚持德法兼修实施卓越法治人才教育培养计划2.0的意见》，在加强法学专业课程建设的同时，注重法治人才培养的实践教学环节。本书不再拘泥于纯粹的法学理论教学，而是侧重于研究生实践能力和创新精神的培养，努力推进人才培养与社会需求间的协同。在每个篇章均安排了法哲学实践课堂、精选案例，并附经典导读，深刻体现了课堂教学的生动性、互动性、知识性，尝试了法学理论教学与法学实践能力培养的有机融合。

综上，《法哲学原理与实践》以厚基础、优内容、重能力、求创新为目标，充分体现了新时代法治人才培养的新导向、新需求。

刘同君

2019 年 5 月

目 录

前 言

第一章　法哲学是什么?　　　　　　　　　　　　　　　1
　　第一节　法哲学的基本概念　　　　　　　　　　　　3
　　第二节　法哲学的结构特质　　　　　　　　　　　　8
　　第三节　法哲学实践课堂　　　　　　　　　　　　　15
　　第四节　精选案例　　　　　　　　　　　　　　　　20

第二章　法哲学的基本问题　　　　　　　　　　　　　　23
　　第一节　法哲学的难题史　　　　　　　　　　　　　25
　　第二节　沟通"实然"与"应然"的第三条道路　　　34
　　第三节　法哲学实践课堂　　　　　　　　　　　　　36
　　第四节　精选案例　　　　　　　　　　　　　　　　41

第三章　法哲学的基本价值理念体系　　　　　　　　　　45
　　第一节　西方法哲学的正义观　　　　　　　　　　　47
　　第二节　社会主义核心价值与法治　　　　　　　　　50
　　第三节　法哲学实践课堂　　　　　　　　　　　　　58
　　第四节　精选案例　　　　　　　　　　　　　　　　63

第四章　自由和平等的价值理念　　　　　　　　　　　　67
　　第一节　自由的正义观　　　　　　　　　　　　　　69
　　第二节　平等的价值观　　　　　　　　　　　　　　73
　　第三节　法哲学实践课堂　　　　　　　　　　　　　78
　　第四节　精选案例　　　　　　　　　　　　　　　　83

第五章　权利和权力的价值理念　　　　　　　　89
　　第一节　权利的概念　　　　　　　　　　　91
　　第二节　权力的理念　　　　　　　　　　　95
　　第三节　法哲学实践课堂　　　　　　　　　100
　　第四节　精选案例　　　　　　　　　　　　105

第六章　公正和秩序的价值理念　　　　　　　　109
　　第一节　公正的基本观念　　　　　　　　　111
　　第二节　秩序的价值观　　　　　　　　　　114
　　第三节　法哲学实践课堂　　　　　　　　　120
　　第四节　精选案例　　　　　　　　　　　　125

第七章　法的基本构成要件　　　　　　　　　　133
　　第一节　法律规则的构成和分类　　　　　　135
　　第二节　法律原则的构成和分类　　　　　　140
　　第三节　实践课堂　　　　　　　　　　　　143
　　第四节　精选案例　　　　　　　　　　　　148

第八章　法律关系的基本解读　　　　　　　　　153
　　第一节　法律关系的基本性质和特征　　　　155
　　第二节　法律关系的主体和客体　　　　　　158
　　第三节　法哲学实践课堂　　　　　　　　　161
　　第四节　精选案例　　　　　　　　　　　　167

第九章　法律责任的认定　　　　　　　　　　　171
　　第一节　法律责任的分类　　　　　　　　　173
　　第二节　法律责任的因果关系　　　　　　　176
　　第三节　法哲学实践课堂　　　　　　　　　179
　　第四节　精选案例　　　　　　　　　　　　184

参考文献　　　　　　　　　　　　　　　　　　190

后记　　　　　　　　　　　　　　　　　　　　191

第一章

法哲学是什么？

你们可能认为，追求终极观念的理论与实践完全搭不上边。你在刚刚开始职业生涯时，这或许是真的。碰上更重要的问题时，你却可能最终发现，不是研究基础知识徒劳无益，而是除了研究基础知识，几乎不可能获得任何有益的东西。

——［美］本杰明·N.卡多佐 《法律的成长·法律科学的悖论》

当前的法哲学是长期发展的结果。恰如整个哲学一样，法哲学也是在问题和回答的顺序中形成了的。结果是存在着种种相互关联的难题和答案尝试可以描绘其界限的一个范围；通过种种相互关联的难题和答案尝试，今天法哲学的领域界限已经划定。

——［德］H.科殷 《法哲学》

第一节 法哲学的基本概念

语言哲学家维特根斯坦认为,我们研究词的意义,目的在于能够在实际的生活中更好地引导自己。他也指出,对语言用法的研究立刻就会向我们展示社会生活是何等的复杂。在为表面看似简单的问题寻求有意义的答案时,结果通常是不确定的。① 法哲学也是如此。在德国传统中,法哲学长期以来被认为属于哲学的一部分,从康德(Immanuel Kant)到黑格尔(G. W. F. Hegel)莫不如此。直到当代,如考夫曼教授还在其代表作《法律哲学》中旗帜鲜明地主张,法哲学就是法学家问、哲学家答。但另一方面,至少从概念法学开始,从事教义学工作的法学家们又试图在一般法学说的基础上发展出一种基于法学自身框架的法哲学。由此呈现出"哲学家的法哲学"与"法学家的法哲学",或者说"法学外的法哲学"与"法学内的法哲学"相互对峙的局面。②

我国学界对法哲学的认识也纷繁复杂,但主要有两种不同的见解。第一种观点认为法哲学就是法理学,是一门以法的实然理论和应然价值为研究对象的学科。孙国华、朱景文在他们主编的《法理学》中认为:"法学、法理学的任务则在于把辩证唯物主义和历史唯物主义的原理,具体地应用于研究法律现实,把哲学的概念和范畴,转化为法学的基本概念和范畴,达到比历史唯物主义更加具体地认识法律现实的程度……而我们现在所讲的法理学一个重要研究方向,就是法哲学。"③ 葛洪义也认为,法理学是一个运用哲学方法研究法律基本问题的学术门类,实质上就是法律哲学或法哲学。④

第二种观点认为法哲学是不同于其他理论法学或法理学而独立存在的法学分

---

① [英]韦恩·莫里森:《法理学——从古希腊到后现代》,李桂林、李清伟、侯健等译,武汉大学出版社,2003年,第1页。
② 雷磊:《"法哲学"讲什么?——冯·德尔·普佛尔滕〈法哲学导论〉导读》,《中国法律评论》2017年第3期。
③ 孙国华,朱景文:《法理学》,高等教育出版社,1994年,第16-17页。
④ 葛洪义:《法理学的定义与意义》,《法律科学》2001年第3期。

科，它聚焦于对法律应然价值的判断及对法律应当是什么的规定。换言之，它"是从哲学的角度和用哲学的方法来研究和思考法学问题的一种综合学科。它既是应用哲学（或部门哲学）的一个门类，又是理论法学的一个分科。因而也还带有边缘学科和交叉学科的性质"①。值得注意的是，我国一些学者力求从哲学和方法论本身所固有的内在联系上来探讨和论证法哲学存在的必然性和必要性，以图通过对法哲学的研究和发展，来寻找和巩固哲学与法学这两大知识学科及其实践领域之间的连接点和结合部，从而使哲学和法学都得到了双向的深化和发展。②

由此可见，学者们对法哲学认识的分歧主要集中于法哲学与其他学科之间的外部关系上，其核心问题在于：法哲学究竟是属于法学，还是哲学？当然，这其中必然涉及法哲学与法学基础理论或法理学（狭义）的关系问题。为了能更好地解决这一问题，我们有必要先对法哲学术语出现、发展的历史脉络有一个系统的认识，从中探明法哲学研究对象广泛化的症结之所在。

法哲学的思想和理论早在古希腊、古罗马时代就已存在，古罗马哲学家西塞罗在《法律篇》中就说到，法学并不来自裁判官的告示或十二铜表法，而来自最深刻的哲学奥妙。③ 在中世纪，所有的基督教都信奉一种共同的宇宙观，亦即《新约全书》中和早期基督教著作家的教义中所确定的观念。像其他科学和思想的分支一样，法哲学也为教会及其教义所支配。④ 到了 17 世纪，法学和其他学科都融入哲学之中，成为哲学的一个分科。譬如牛顿将研究物理学的鸿篇巨著冠名为《自然哲学的数理原理》，笛卡尔也将物理学作为哲学来研究和撰写。在这种背景下，把法学的基本理论称为法哲学似乎就很自然了。德国哲学家莱布尼茨（G. Leibniz，1646—1716）在其法学著作《法学教学的新方法》（1667）中也直接讲到"法律哲学"⑤。被称为英国法理学之父的约翰·奥斯丁把他的代表作命名为《法理学或实在法哲学讲义》（1863），这就首开了把法哲学等同于法理学的先河。后来日本学者穗积陈重博士在《法理学讲义笔记》中提到，法理学与

① 文正邦：《法哲学的对象和性质论辩》，《现代法学》1996 年第 2 期。
② 吕世伦、文正邦：《法哲学论》，西安交通大学出版社、北京理工大学出版社，2016 年，第 26 页。
③ ［古罗马］西塞罗：《法律篇》，沈叔平、苏力译，商务印书馆，1999 年，第 315 页。
④ ［美］E. 博登海默：《法理学——法律哲学与法律方法》，邓正来译，中国政法大学出版社，2004 年，第 27 页。
⑤ 时显群：《西方法理学研究》，人民出版社，2007 年，第 12 页。

法律现象之特殊哲学，介乎现实法学与一般哲学之间。这样，法哲学研究对象的泛化成为一种不可避免的倾向。

18 世纪末 19 世纪初，法哲学的概念开始盛行。历史法学派首创人胡果（Gustav Hugo，1764—1844）将其 1798 年出版的著作定名为《作为实在法，特别是私法哲学的自然法教科书》。黑格尔的《法哲学原理》（1821）则是人们熟知的作品。① 从 19 世纪起，随着资产阶级统治的逐步确立，以及资本主义国家立法和司法的广泛发展，法学才逐步与哲学、政治学相分离，成为一门独立的学科。与此同时，哲学家或政治学家的法律哲学也逐渐变为主要是法学家的法律哲学，法律哲学也就相应成为法学的一个分科，"法律哲学"与"法理学"这两个名称也逐渐通用。② 19 世纪以前，法律理论基本上是哲学、宗教、伦理学或政治学的副产品，大法律思想家主要是哲学家、僧侣、政治家。从哲学家或政治学家的法律哲学向法学家的法律哲学的根本转变，还是距今不远的事实。这一转变伴随着一个法律研究、技术和专业训练巨大发展的时期。③

20 世纪初以来，随着自由资本主义发展到垄断资本主义，市场经济也发展到了强调国家干预的现代市场经济，社会关系和经济关系，以及各种社会矛盾、冲突和纠纷更趋复杂化。于是随着法律社会化和法律改良运动的兴起，各派法学都竞相寻求解决社会问题的良方，并为自己的存在及合理性寻找理论根据，因而出现了西方法学流派和西方哲学流派交流的"蜜月"时期，关系越来越密切、越来越靠拢，乃至出现同步发展和呈现一体化趋势。有什么样的哲学流派，就有什么样的法学流派，所以在各派法学学说中哲学观点和法学理论更易于交织在一起，这就加速了法哲学和法理学的趋同与合流的趋势，乃至有多少法学流派也就有多少法理学或法哲学，而这种泛化了的法哲学几乎可以把该派法学家的种种观点和见解收纳于其内。④

由此可见，法哲学与法学和哲学呈现的是一种动态流变的关系。法哲学最初是哲学家们用哲学的方法研究法律理论和实践问题，探寻一种超越法律而存在的应然法的价值理念。这种法的价值理念在古希腊、古罗马时期是客观存在的自然规律，任何法律规定都不得与其相抵触，否则无效。而到了中世纪，这种法的价

① 时显群：《西方法理学研究》，人民出版社，2007 年，第 11 页。
② 沈宗灵：《现代西方法理学》，北京大学出版社，1997 年，第 8—9 页。
③ ［英］W. 弗里特曼：《法律理论》，史蒂文斯公司，1967 年，第 4 页。
④ 吕世伦、文正邦：《法哲学论》，西安交通大学出版社、北京理工大学出版社，2016 年，第 32 页。

值理念就成了永恒法、自然法的产物，作为人定法的法律如果与自然法相矛盾，那它根本就不能称之为法律。① 17 世纪的法哲学虽然和哲学还是交融在一起，没有从哲学中独立出来，但法哲学探寻其价值理念的视角却发生了变化。此时，学者们对法哲学价值理念的探寻不再聚焦于外在的客观规律或神权的自然权威，而是从"天上"回到了"人间"，力图在人性之中发现人深藏着的本质和隐蔽着的规律。正如格劳修斯所阐释的那样，这种新的法律学说有两个方面。一方面，其间存在着一种限制人的活动的理论，而这种限制乃是出于人性的考虑且根据理性设定的。另一方面，其间存在着一种内在于人的道德品质或自然权利（natural rights）的理论，而这些道德品质或自然权利则是根据理性对人性（即一个人的理想）的推演而得到证明的。②

随后，康德的法哲学理论将这种认识发挥到极致，提出了一个高于人性且又包含人性的精神实体，即意志自由③的概念来阐释法律的本源和基础。康德与休谟一样，严格区分了法律的两种属性，即应然的法律和实然的法律。在康德看来，法学研究的目的不在于只证实个别法律制度的合理性，而在于对整个人类社会行为的合法性进行探讨以形成具有应然原则的指导性理论体系。为此他首先从伦理学角度找到法律的先验理性前提，然后通过演绎推理逐渐明确实在法具体原则与该前提的必要联系，最终形成统一的法学理论体系。④ 康德对法学的两种划分为后世法学家所接受，分别发展为两类法学，即理性主义法学与实证分析主义法学。理性主义法学方法由他的学生费希特所继承，更由黑格尔发展到顶点。另一方面，实证分析方法为英国法学家奥斯丁借鉴，创立了近代分析法学。⑤ 从某种程度上讲，近现代西方法学家无不遵循了康德所勾画的方法论。

---

① ［美］E. 博登海默：《法理学——法律哲学与法律方法》，邓正来译，中国政法大学出版社，2004年，第33页。

② ［美］罗斯科·庞德：《法理学》（第一卷），邓正来译，中国政法大学出版社，2004年，第495页。

③ 自由的概念是康德的道德和法律哲学的核心。在康德看来，伦理上的或道德上的自由，意味着人之意志的自主性和自决；只要我们能够遵守铭刻在所有人心中的道德律，那么我们在道德上就是自由的。这一道德律要求我们根据某一被我们希望成为普遍之法的准则而行事。康德把这种道德律称之为"绝对命令"（the Categorical Imperative）。而另一方面，他则把法律上的自由决定定义为个人对他人专断意志和控制的独立。他把这种自由视为人根据人性而具有的惟一原初的、固有的权利。

④ 时显群：《西方法理学研究》，人民出版社，2007年，第192页。

⑤ 时显群：《西方法理学研究》，人民出版社，2007年，第192页。

　　因此，有学者指出，我们完全可以将哲理法理学①和法律哲学区别开来，就如同我们可以对历史法理学和法律史学做出区别一般。哲理法理学是法律哲学的一种形式或一个方面：它由哲学方法组成而且主要指向法律的理想要素和对法律制度、法律准则及法律律令进行哲学批判。法律哲学是实践哲学的一个方面：它是一种适用于法律秩序及其问题的实践哲学，是一种适用于我们欲意维持这种法律秩序赖以为凭的权威性法律材料的实践哲学。② 显而易见，奥斯丁语义中的"一般法理学，或实在法哲学"是无涉价值判断的一种表述，他对法哲学的内涵和外延的解释比未做限定的法哲学狭窄得多。然而这一重要的限定和区分却被后继者忽视而简单地沿用下来，笼统地主张法哲学即法理学。后来日本学者穗积陈重在1881年也提出用法理学来代替法哲学的称谓，并认为二者基本相同。③ 这种以偏概全式的理解无疑对后来学者认识法哲学的内涵产生了深刻影响，将法理学与法哲学视为一体，且将法哲学的研究对象泛化成为一种不可避免的情形。

　　基于以上认识，本书认为，法哲学是从哲学的视角和哲学的方法来研究法是什么的基本问题的一门学科，是兼具法学和哲学二者属性的一门综合性的交叉学科。考虑到当前一些学者将法哲学与法理学等同的习惯，我们也不完全否定这种理解。但我们认为，如果要用法理学来表述法哲学，就必须对法理学的概念和对象加以严格的界定，而不能使它成为不确定、庞杂和包罗万象的……如果按约定俗成，并使法学界能达成共识，那么作为法哲学同义或等义的法理学的对象和内容，就应该限定为关于法律的哲理性思考和研究，即只能把够得上是法哲学理论层次的东西纳入法理学；而一般性的法的基本理论可以叫作法学原理或沿用法学基础理论值称谓，以便与法哲学或法理学区别开来。④

---

　　① 哲理法学一词，从广义上讲与法哲学相同，指一切从哲理的角度和用哲理的方法研究法律的学派，狭义的仅指其中最具此特点的德国古典哲学家的法律思想和由之产生的新康德主义法学和新黑格尔主义法学。在此处，哲理法学指的主要是以康德、黑格尔为代表的早期哲理法学。
　　② ［美］罗斯科·庞德：《法理学》（第一卷），邓正来译，中国政法大学出版社，2004年，第14－15页。
　　③ 吕世伦、文正邦：《法哲学论》，西安交通大学出版社、北京理工大学出版社，2016年，第31页。
　　④ 吕世伦、文正邦：《法哲学论》，西安交通大学出版社、北京理工大学出版社，2016年，第32页。

第二节　法哲学的结构特质

法哲学的结构主要涉及法哲学内部的划分或者说组成问题。鉴于法哲学与哲学的子母关系，学者们根据哲学中的理论哲学与实践哲学①的类型划分，也相应地对法哲学的基本结构进行了区分，形成了一元论、两分法、三分法、四分法、综合说等不同的理论的界定。

一、　一元论

坚持一元论法哲学论调的学者要么将法哲学完全等同于法理论，要么就将法哲学完全等同于法伦理学。前者主要是 19 世纪德国的一般法学说（Allgemeine Rechtslehre）的拥趸，如梅克尔（Merkel）、比尔森（Bierling）、贝格鲍姆（Bergbohm），以及 20 世纪的凯尔森（Kelsen）。在他们看来，只存在理论哲学而不认可实践哲学，承认理论理性而否认实践理性。后者的典型代表人物是新康德主义学者，如拉德布鲁赫（Rrdbruch）认为，价值思考和实然思考是独立的、各自在自身的范围内同时并存的，这就是二元方法论的本质。② 也就是说，在人类知识的认知领域，实然事实与应然价值是二元对立的关系，应然定理不能运用归纳法从实然事实中得以证明，而只能运用演绎法从另外一些应然定理中推导出来。据此，拉德布鲁赫从涉及价值、评判价值和超越价值三个层面来审视法律，强调涉及价值的思考，是作为文化事实的法律思考——它构成了法律科学（Rechtswissenschaft）的本质；评判价值的思考，是作为文化价值的法律思考——法哲学通过它特意体现；最后，超越价值的法律思考，是本质的或者无本质的空洞

---

① 哲学通常分为理论哲学与实践哲学两个部分。其中，理论哲学研究最抽象的逻辑、本体论、认识论和语言对象与实在的联系。实践哲学追问对我们的行动、价值和规范性义务的评价、规范和证成。换言之，前者围绕"是什么"展开，而后者围绕"应当做什么"展开。——［德］迪特玛尔·冯·普佛尔腾：《法哲学导论》，雷磊译，中国政法大学出版社，2017 年，第 8 页。

② ［德］古斯塔夫·拉德布鲁赫：《法哲学》，王朴译，法律出版社，2013 年，第 10 页。

思考，这是法律宗教哲学（Religionsphilosophie des Rechts）的一项任务。① 根据拉德布鲁赫的这种理论界说，他将法哲学仅仅限定于评判价值的法伦理学范畴，关注的仅仅是"法应当是什么"的法律正义的问题，而对于"法是什么"的问题则转入法律科学的领域。

二、两分法

学者们根据研究内容和研究问题的不同将法哲学划分为两类。首先，根据研究内容的不同，有学者认为，"法理学是法律的（of law）一般理论或关于法律（about law）的一般理论组成的。用这样两个命题，人们就可以大体上指出两类法律理论和分析：法律的内在方面（internal）和法律的外在方面（external）"②。前一类法律理论划定法律的范围，探讨法律的一般概念、术语及法律的各个部分之间的关系。这种理论不同于诸如合同法、财产法和程序法等部门法，它横穿这些部门法，提供了对这些部门法共同运用的一般概念。它也为现行法律制度应对新情况提供了一般的指引，就像一幅市区交通图一样向驾驶员指明到达一定目的地的路线……后一类相关法律理论涉及法律与政府和社会的关系，与伦理、经济、政治和社会信念和实践的关系。③

其次，根据研究对象的不同，有学者认为法哲学研究两类问题：规范性（或论证性）问题与分析型（或概念性）问题。法律哲学家们既回答关于某些事情好不好、对不对、是否正义的问题，也试图对各种术语的定语和概念予以分析。④ 冯·德尔·普佛尔腾也将法哲学划分为法理论与法伦理学两个部分。法理论描述和分析处于与世界上其他现象联系之中的法的基本结构，它的核心问题在于"法是什么"；而法伦理学则从法外对法进行规范性的证成或批判，它追问的是法律正义或正确法（Richtiges Recht）的问题，它的核心问题在于"什么样的

---

① ［德］古斯塔夫·拉德布鲁赫：《法哲学》，王朴译，法律出版社，2013年，第6－7页。
② ［美］帕特森：《法理学》，美国Foundation Press公司，1953年，第2页。
③ 沈宗灵：《现代西方法理学》，北京大学出版社，1997年，第3－4页。
④ 吕世伦、文正邦：《法哲学论》，西安交通大学出版社、北京理工大学出版社，2016年，第43页。

法是正义的"①。

三、 三分法

明确主张法哲学不同于法理学的意大利法学家德尔韦基奥在其《法哲学》中就认为，法哲学由三大领域的问题构成：逻辑论（以法律的逻辑普遍性来界说法律），或者说研究法律的普遍概念（相当于形式论）；现象论（探寻法律的起源及其历史发展的一般特征），或者说探讨人类法律发展史及其规律性（相当于事实论）；义务论（探究来自"纯粹理性"的正义理论对现行法律加以评价），即通过探求正义以评价现行法律并作为其标准（相当于价值论）。② 斯蒂芬·基斯特在其著作《法哲学导论》中也明确表示，法哲学应包含三方面的内容：法概念论、法认识论和法伦理学。其中，法概念论可以称之为"法理论"，而法认识论可以称之为"法律科学理论"③。

我国学者对法哲学的认知，有的从方法论的角度出发，主张法哲学大致存在道德理性指向、逻辑实证指向和经验科学指向三个方面的学术发展④，有的学者从"国家和法一般理论"的法学角度对法的一般理论结构体系提出了法哲学部分、法社会学部分和现实法部分，还有的学者把"法律的内在方面"分为三类内容，法律逻辑的普遍本质、法律和法律思想的逻辑和态势及法律发展的一般趋势。⑤

《不列颠百科全书》在论及法哲学的内容时，将法哲学划分为三个部分：一是分析法学——即能对原理做明确的表达，为术语下定义和规定的一些方法，以

---

① "正确法"是德国法哲学中独有的概念，有人将其翻译为"正当法"，甚至"正义法"都不甚准确。学过大学一年级法理学课程的同学应该都还记得，在欧陆国家的语言中存在着一种一词双义的现象。以德语为例：Recht 一词不仅可以指实际存在的"法律"，也可以指观念上的"权利"或"正义"。想一想耶林（Jhering）的名篇《为权利而斗争》，使用的就是这个词。在很多情境中，为了明确这个词的意义，通常会在 Recht 之前加上一个形容词来构成词组，如 Subjektives Recht（主观法）与 Objektives Recht（客观法），这里的"主观法"指的就是"权利"，而"客观法"相应指实际存在的法律。再比如 Positives Recht（实在法）与 Richtiges Recht（正确法）。所谓正确法指的就是"正义"，或更准确地说，是"法律正义"。——[德] 迪特玛尔·冯·普佛尔腾：《法哲学导论》，雷磊译，中国政法大学出版社，2017 年，第 8－9 页。
② 吕世伦、文正邦：《法哲学论》，西安交通大学出版社、北京理工大学出版社，2016 年，第 44 页。
③ "法律科学理论"的称谓是源于近代关于"法学是否是一门科学"这一问题展开的。
④ 道德理性指向强调法律内在的立项目标及价值正义性。逻辑实证指向强调法的相对、自我完善、结构稳定与逻辑合理。经验科学指向强调法律作为人们组织与改造社会的手段所具有的功能。
⑤ 吕世伦、文正邦：《法哲学论》，西安交通大学出版社、北京理工大学出版社，2016 年，第 48 页。

便将明确性和条理性贯穿在特殊法规的适用中；二是社会学法学——即法理学中的社会学问题，涉及法理对维护特定社会关系的态度、行为、组织、环境、技巧和权力的实际综合效果；三是正义的理论——主要根据法律的理想目标或宗旨对其进行评价和批评。

四、 四分法

奥地利学者彼得·科勒（Peter Koller）认为法哲学可以分为法概念论、法认识论、法伦理学与法制度论四个分支领域。其中，法概念论涉及对法的概念与性质的理解；法认识论涉及对法律知识之属性的理解（包括法学方法论在内）；法伦理学涉及对法的伦理证成与批评，论及人的尊严、自由、平等、公共福祉等主题；法制度论主要涉及对基本法律制度的哲学化反思与一般理论探讨，如刑罚、契约等。前三个分支构成了一般法哲学，而法制度论则属于具体法哲学（部门法哲学）。

我国学者认为法哲学的内容和领域可以分为四个部分：第一，法律现象学。主要研究法律的形式、关系和秩序。所以又可分为：① 法形式论。它研究人的自然性与社会性的矛盾，人类传统习惯的形成及社会目标确立过程中个体与群体的冲突，阐发法的诸种形式（自然法、习惯法等）及法律的演变过程。② 法关系论。它通过人在社会交往中所形成的各种类型的法律关系，来展示人类在自然状态下固有的种种冲突和社会化环境中的不平衡状态，阐述人类对建立法秩序的需求的客观性和主观性。③ 法秩序论。论述立法、司法、执法过程中人的主观因素影响的表现形式和特点，以及探究和分析违法的社会根源和守法的人文基础。

第二，法律本质说。又包括三方面：① 法源论，总结法律现象学展现的法的活动中人与自然和社会所发生的各种冲突的特点及规律；② 法性论，通过分析民主与法制，人治与法治之间既相矛盾又相统一的关系，揭示各种法律现象最一般的本质；③ 法效论，即法律功能研究，包括法律、法律制度、法律组织机构、法制教育在不同形式的政治、经济、文化等活动中的职能、作用、效力、极限、禁区和实际效果。

第三，法律思维学。它从人的生理结构和功能、精神病理、心态、语义逻辑方面剖析法律的本质。主要研究法的形成、生效、执行过程的人的生理机制、心理结构；探求人的思维与法的关系，包括人的法观念产生的生理基础；研究法律语言的特定逻辑和意义，探索立法、守法、违法现象及社会"失范"现象产生的心理基础。

第四，法律价值学。主要由三组九对范畴组成：① 需要论，包括法的需要与法的满足、善与恶、良心与罪；② 权利论，包括自由与限制、权利与义务、责任与惩罚；③ 正义论，包括法意识与法行为、正义与法律、公平与效益。它以法的需要与法的满足这对范畴及其矛盾为起点，以权利与义务的对立统一关系为中轴，以公平与效益之间的冲突及其解决为依归，揭示出人的价值评判标准与法律的价值取向之间始终存在着实质的而又无法消除的差异，人与法的矛盾在人们的社会生活中主要表现为能否协调三种关系——个体需要与社会目标、应有与实有、法律与道德的关系。[①]

倪正茂先生认为法哲学的研究范围和内容分为以下四类。

第一类，法哲学学科。包括：① 法哲学定义；② 法哲学的地位；③ 法哲学的研究对象和研究范围；④ 法哲学的特点；⑤ 法哲学的基本概念；⑥ 法哲学的基本原理；⑦ 法哲学史；⑧ 法哲学的发展规律性。

第二类，法的哲理探讨。包括：① 法律概念的哲理探讨；② 法律判断的哲理探讨；③ 法律推理的哲理探讨；④ 法的原理的哲理探讨；⑤ 法的法理规定性的哲理探讨；⑥ 法的哲理规定性；⑦ 法的内部关系的哲理探讨；⑧ 法律制度内部关系的哲理探讨；⑨ 法律意识的哲学本质；⑩ 法文化的哲学本质；⑪ 法与法律秩序的关系的哲理探讨；⑫ 法律起源的哲理探讨；⑬ 法的发展规律的哲理探讨；⑭ 法的方法的哲理探讨等。

第三类，法与其他事物关系的哲理探讨。包括：① 法与人的关系的哲理探讨；② 法与经济制度及经济状况的关系的哲理探讨；③ 法与政治制度及政治状况的关系的哲理探讨；④ 法与社会制度及社会状况的关系的哲理探讨；⑤ 法与科技进步关系的哲理探讨；⑥ 法与道德的关系的哲理探讨；⑦ 法与宗教的关系的哲理探讨；⑧ 法与风俗习惯的关系的哲理探讨；⑨ 法与婚姻家庭制度的关系的哲理探讨；⑩ 法与心理的关系的哲理探讨；⑪ 法与意识形态的关系的哲理探讨；⑫ 法与社会思潮的关系的哲理探讨；⑬ 法与哲学的关系的哲理探讨；⑭ 法与逻辑的关系的哲理探讨；⑮ 法与语言的关系的哲理探讨等。

---

① 林喆：《法学应重视人与法的关系》，《思想战线》，1989 年第 6 期。

第四类，法哲学方法论。包括：① 社会学方法的哲理探讨；② 比较方法与法的比较；③ 评价法与法的评价；④ 统计方法与法的定量分析；⑤ 定性分析法与法的定性分析；⑥ 系统分析法与法的系统分析；⑦ 规划法与法的规划；⑧ 统筹法与综合治理；⑨ 优选法与法的优选；⑩ 最优控制法与社会的最优控制；⑪ 预测法与法的预测；⑫ 法律解释的哲理探讨等。①

五、 多元论

对法哲学持有多元论的学者大多采取一种综合说的态势。综合法学或一体化法理学产生的正式标志是 1947 年美国的法学家杰罗姆·霍尔（Jerome Hall 1901—1992）的《综合法理学》（*Integrative Jurisprudence*）一文的发表。霍尔用综合的观点来认识法律，认为法律是事实（fact）、形式（form）和价值（value）的统一，并认为西方的社会法学、分析法学和自然法学各主要研究其一个方面。因此，各有其合理性与局限性，应把三者结合起来建立一种综合三种法学优点的法理学。它不仅对法律进行全面的研究，而且兼用自然法学的哲理方法、社会法学的社会学方法和分析法学的分析方法。这一"综合法学"分四部分：（1）法律的目的论（legal axiology，亦即法律哲学或自然法学）；（2）法律本体论（legal ontology，亦即基本法律概念之形成）；（3）法律社会学（sociology of law）；（4）形式法律科学（legal science）。它们分别从价值评价、逻辑分析或经验说明与概括化各方面构建新的法理学。在此基础上霍尔认为，法律的"合理性"和"道德性"为法律之故不具备者不是法律，因此，他说，实在法仅指"实际的伦理性的权力规范"（ethical power norms），不包括"纯粹的权力规范"（sheer power norms）。②

霍尔的理论得到一些法学家的积极响应。澳大利亚的朱利叶斯·斯通运用综合性的观点阐述法律的概念。他认为法律有七个特点：（1）法律是许多现象的复杂整体；（2）这些现象包括规范，这些规范通过制定禁止和允许等方式规范行为，指导人们的活动；（3）法律作为一种规范，是一种社会规范；（4）作为复杂整体的法律是一种有秩序的整体，即法律秩序；（5）这种秩序具有强制性，

---

① 储士家：《"马克思主义法哲学"研究讨论综述》，《争鸣》，1991 年第 1 期。
② 严存生主编：《西方法律思想史》（第二版），法律出版社，2010 年，第 464－465 页。

而强制应理解为外在的，如剥夺生命、自由或财产，或对此类的利益限制；
（6）强制是被制度化了的，即它必须根据已建立的规范实施；（7）这种制度化
了的社会规范的强制秩序应当用国家权力和信念来维护其效力，并应有一定程度
的实效。博登海默也认为，人类历史的经验告诉我们，不可能根据任何单一的、
绝对的因素或原因去解释法律制度……法律是一个结构复杂的网络，而法理学的
任务就是要把组成这个网络的各个头绪编织在一起。而这种法理学只能是"综合
法理学"。①

在探讨马克思主义法理学的内容和体系的过程中，一些法学家力图突破我国
法学基础理论的原有框架而使其进一步拓展和深化。例如，吉林大学张文显教授
主编的《马克思主义法理学——理论与方法论》（吉林大学出版社，1993）就包
括法学方法论、法律范畴论、法律本体论、法律发展论、法律运行论、法律价值
论、法律文化论、权利义务论、民主法制论、法治战略论。还有中国人民大学孙
国华教授主编的《马克思主义法理学研究——关于法的概念和本质的原理》（群
众出版社，1996），以及吕世伦、公丕祥教授主编的《现代理论法学原理》（安
徽大学出版社，1996），也都有许多新的提法、新的概念、新的视角和新的
内容。②

综上所述，我们可以看出，学者们对法哲学内部结构的认识无论是从研究对
象上对其进行的划分，还是从研究内容上对其进行的分类，大都围绕"法是什
么"和"法应该是什么"的"法的概念"问题，以及法认识论展开的。所以，
本书认为，我们需要清除以下谬见：排他的、政治的和分析的法学（"法律实证
主义"），孤傲的、哲理的和道德的法学（"自然法理论"），或唯我独尊的、历史
的和社会——经济的法学（"历史法学派""法的社会理论"）。我们需要一种能
够综合这三个传统学派并超越它们的法学。这样一种综合的法学将强调，法律必
须被信奉，否则就不会运作；这不仅涉及理性和意志，而且涉及感情、直觉和信
仰，整个社会的信仰。③进而言之，"实际运作的法律包括法律制度和诉讼程序、
法律的价值、法律概念与思想方式和法律规范。它包括有时称作'法律过程'

①［美］E. 博登海默：《法理学——法律哲学与法律方法》，邓正来译，中国政法大学出版社，
2004年，第27页。
②吕世伦、文正邦：《法哲学论》，西安交通大学出版社、北京理工大学出版社，2016年，第51页。
③［美］伯尔曼：《法律与革命——西方法律传统的形成》，贺卫方等译，中国大百科全书出版社，
1993年，第5页。

(the legal process) 或德语中所谓法律'实现' (Rechtsverwirklichung) 的东西。"① 因此，法哲学所关注的法律是一个在制度、程序、价值和思想关系中展现规则意义的事业，当然，这个事业的完成需要贯穿始终的法认识论的保障。据此，本书认为，法哲学的基本结构包括"法是什么"的法理论，"正义之法是什么"的法伦理学及如何认识法的法认识论三个基本方面。

第三节　法哲学实践课堂

主题一　专题研讨会：法哲学基本内涵专题研讨

【实践形式】

专题研讨会

【实践目标】

本环节的实践活动安排在第二节"法哲学的基本结构"的课堂教学完成之后，通过本次研讨会，使学生在大体了解法哲学的基本结构的基础上，重点思考何谓法哲学这个基本问题，究竟应该怎样理解和认识法哲学的科学内涵。要使学生明确法哲学与法理学、法伦理学和法律认识论之间的关系，深化对法哲学的认识。

【实践设计】

1. 活动准备

首先，将学生进行分组，5 人左右一组。

其次，明确提出研讨会的主题和学生要思考的问题：法哲学的基本内涵涉及哪些方面？法哲学的内涵对我们理解法哲学的定位和基本结构有何重要意义？

最后，让学生带着问题来阅读参考资料《法哲学的视域》及其他相关文献，

---

① ［美］伯尔曼：《法律与革命——西方法律传统的形成》，贺卫方等译，中国大百科全书出版社，1993 年，第 13 页。

规定阅读完成的时间范围，明确阅读的具体要求，并引导每组学生做好材料收集和相关文献的阅读。

2. 活动组织。

时间：2 课时

地点：教室

各小组先展开讨论，讨论结束后，每组推荐 1~2 名代表发言；学生代表发言结束后，教师进行点评，引领学生对问题做进一步思索，达成对理论的更深层面解读。

【实践成果】

研讨会结束后，每位学生撰写一份研讨会的总结报告，字数要求在 2000 字以上。

【实践评价】

本次实践成绩的评定，主要依据以下几个方面的情况：

1. 材料准备情况。材料准备详实、充分为优秀；材料准备比较充分为良好；材料准备不充分为合格；没有准备为不合格。

2. 分组讨论和发言情况。能够积极参与、踊跃发言且观点清晰为优秀；参与比较积极、发言比较踊跃、观点比较清楚为良好；能够参与发言，但态度不够端正为合格；不参与发言为不合格。

3. 总结报告完成情况。提交的总结报告分析深刻、有理有据、能够理论联系实际为优秀；总结报告分析比较深刻、观点比较充分为良好；总结报告比较马虎为合格；没有总结报告或者非常马虎、草草了事为不合格。

【思考问题】

1. 怎样理解法哲学的内涵？

2. 法哲学的基本问题是什么？

3. 如何理解法哲学的内在视域和外在视域？

4. 对法哲学内部结构的不同划分各有什么价值和缺陷？你认为哪一种更为合理？为什么？

【参考资料】

陈曦：《法哲学的视域——基于法律陈述的预备考察》，《法律科学（西北政法大学学报）》，2019 年第 1 期。

主题二　读书报告会：对法哲学的动态认识

【实践形式】

读书报告会

【实践目标】

本环节的实践活动安排在第三节"法哲学基本内涵专题研讨"的课堂教学完成之后，通过本次读书报告会，使学生动态地认识法哲学，进而对法哲学的基本属性与功能作用有一个更加深入的了解。

【实践设计】

1. 活动准备。

首先，在第三节的课堂教学开始时，让学生课下阅读下列文献资料：

（1）夏锦文：《法哲学关键词》，江苏人民出版社，2013 年。

（2）张文显：《二十世纪西方法哲学思潮研究》，法律出版社，1996 年。

（3）江山：《法哲学要论》，中国经济出版社，2014 年。

（4）文正邦：《法哲学研究》，中国人民大学出版社，2011 年。

其次，提出在阅读相关文献时应关注几个问题：法哲学基本内涵的形成和发展，法哲学的基本属性与功能作用等。

最后，给学生简单讲解一下相关文献。

2. 活动组织。

时间：4 课时

地点：教室

完成第三节的课堂教学后，先召开读书报告会，互相交流心得体会；然后教师点评，引领学生对问题做进一步思索，达成对理论的更深层面解读。

【实践成果】

读书报告会结束后，每位学生撰写一份读书报告，字数要求在2000字以上。

【实践评价】

本次实践成绩的评定，主要依据以下几个方面的情况：

1. 文献准备和阅读情况。文献准备详实、阅读认真为优秀；文献准备比较充分、阅读较认真为良好；文献准备不充分为合格；没有准备为不合格。

2. 心得体会交流时的情况。能够积极参与、踊跃发言且观点清晰为优秀；参与比较积极、发言比较踊跃、观点比较清楚为良好；能够参与发言，但态度不够端正为合格；不参与发言为不合格。

3. 读书报告完成情况。提交的读书报告分析深刻、有理有据、能够理论联系实际为优秀；读书报告分析比较深刻、观点比较充分为良好；读书报告比较马虎为合格；没有读书报告或者非常马虎、草草了事为不合格。

【思考问题】

1. 法哲学的发展轨迹是怎样的？历史上形成了哪些主要法学流派？各法学流派的基本观点有哪些？

2. 法哲学在法学体系中地位如何？法哲学与其他法学学科之间具有何种关系？

3. 法哲学理论对法律实践有何指导意义？

【参考资料】

卡尔·马克思：《马克思恩格斯全集》（第1卷），人民出版社，2016年。

主题三　专家讲堂：法理学与法哲学概念释义大讨论

【实践形式】

专家讲堂

【实践目标】

本环节的实践活动通过邀请专家学者对中西法哲学概念的演进历史、认识内涵、理论视域等问题进行专题讲座，帮助学生更加明晰法哲学与法理学、具体的部门法学之间的关系，了解它们之间的联系与区别。

【实践设计】

1. 活动准备。

（1）邀请进行讲座的专家并确认讲座题目。

（2）提前告知学生讲座题目，要求学生阅读参考资料哈特《法律概念》及相关经典文献和历史资料，整理好问题，做好相关准备工作。

（3）通知学生讲座的时间、地点，并安排好入场顺序和就座事宜。

2. 活动组织。

（1）教师主持并动员学生认真听讲，做好记录，积极准备发言。

（2）专家讲座。

（3）学生提问，与专家进行互动。

（4）教师总结发言。

【实践成果】

专家讲座结束后，每位学生上交一篇心得体会报告，要求学生独立思考完成，有自己的观点及论据阐述，字数在2000字以上。

【实践评价】

本次实践成绩的评定标准主要依据以下几个方面的情况：

1. 文献准备和阅读情况。文献准备详实、阅读认真为优秀；文献准备比较充分、阅读较认真为良好；文献准备不充分为合格；没有准备为不合格。

2. 专家讲座时的情况。能够积极参与、踊跃提问和发言且观点清晰为优秀；参与比较积极、提问和发言比较踊跃、观点比较清楚为良好；能够参与讲座，但态度不够端正为合格；不参与讲座为不合格。

3. 心得体会报告完成情况。提交的心得体会报告分析深刻、有理有据、能够理论联系实际为优秀；心得体会报告分析比较深刻、观点比较充分为良好；心得体会报告比较马虎为合格；没有心得体会报告或者非常马虎、草草了事为不合格。

【思考问题】

1．怎样理解法哲学与传统意义上的法理学的本质区别？

2．新分析实证主义法学派对法哲学和法理学的发展有何贡献？

3．中西法哲学和法理学概念的演进历史是怎样的？

4．哈特在《法律的概念》一书中所述的"内在观点"理论对当下中国法治实践有何指导意义？

【参考资料】

严存生：《法理学、法哲学关系辨析》，《法律科学》，2000 年第 5 期。

第四节　精选案例

案例一：帕尔默案

帕尔默是其祖父所立遗嘱指定的财产继承人，他害怕这位刚再婚的老人可能会更改遗嘱而使他一无所获。于是，1882 年他在纽约用毒药杀害了自己的祖父。现在问题的关键在于帕尔默还合法拥有对他祖父财产的继承权吗？一方面按纽约州的遗嘱法规定，帕尔默祖父所立下的这份遗嘱是合法有效的，而且像大多数当时的遗嘱法那样，如果某个被指定的遗产继承人杀害了立遗嘱人，他是否还能根据遗嘱中的条件继承遗产，纽约的遗嘱法并没做规定。据此，帕尔默的律师认为按纽约州继承法，帕尔默是合法的继承人。如果法院剥夺他的继承权，它就是在更改遗嘱，用自己的道德信仰来取代法律。显然这种辩称是符合法治原则的，判决必须符合法律。但是，另一方面，这种严格规则主义导致的结果是法官不愿意看到的，帕尔默的祖父如果有预见，他也不会同意做出这样的判决。于是法官论证说，在适用这条法律时我们要考虑到立法者意图，他们只是在当时没有预见这种后果；同时他指出法律还应该尊重传统正义原则：任何人不能从自己的错误中得利。这样，厄尔法官的观点占据了优势，有四位法官支持他，因此，帕尔默丧失了继承权。

其实任何一个法官面对上述这样充满内在价值冲突的疑难案件时,他的职责不是在这些相互冲突的价值之间进行选择谁是谁非,认同其中的某种价值,从而认可某种权利,否认某种权利。法律解释的功能即在于面临无法妥协的价值冲突时,对于实践这些价值的方式进行程序性判断。当不同的背景权利面对面地发生冲突时,法官的任何判决都并没有直接触及这些权利,而只是禁止在类似的情境中采纳某些权利的实践技术,或者容许采纳某些实践技术,或者对一些方式采取置之不理、不闻不问的态度。就本案而言,案件的最终判决并没有否认格雷法官所诉诸的价值:一个人获得遗产的自由权利,以及对立遗嘱人的意志的尊重。但这一案件明显禁止一个人采用谋杀这样的方法来实践他的权利;同样,尽管确实像格雷法官所言,很可能即使祖父知道帕尔默会毒杀自己,他仍会将遗产留给帕尔默,但这一判例明显也限制了立遗嘱人实现自己立遗嘱的自主权利的某些方式。

【案例讨论】 结合上述案例谈谈如何理解"良法"和"恶法"。

【案例点评】 亚里士多德在定义法治时说,法治应包含两重意义:已成立的法律获得普遍的服从,而大家所服从的法律又应该是良好的法律。经过自然法学派和其他学派的不断经营和发展,今天就现代社会来说,"良法"之治中的"良法"至少应当包括:(1)法律必须体现人民主权原则,必须是人民根本利益和共同意志的反映,并且是以维护和促进全体人民的综合利益为目标的。(2)法律必须承认、尊重和保护人民的权利和自由。(3)法律面前一律平等。(4)法律承认利益的多元化,对一切正当利益施以无歧视性差别的保护。

案例二:孙志刚案

2001 年毕业于武汉科技学院艺术设计专业的大学生孙志刚,案前任职于广州达奇服装公司。2003 年 3 月 17 日晚上,孙志刚在前往网吧的路上,因未携带任何证件被广州市天河区黄村街派出所民警李耀辉带回派出所对其是否为"三无"人员进行甄别。孙被带回后,辩解自己有正当职业、固定住所和身份证,并打电话叫朋友成先生把他的身份证带到派出所来,但李耀辉却没有对孙的说法进行核实,也未同意孙的朋友"保领"孙志刚,也未将情况向派出所值班领导报告,导致孙被错误地作为拟收容人员送至广州市公安局天河区公安分局待遣所。3月18日晚孙志刚称有病被送往市卫生部门负责的收容人员救治站诊治。3月19日晚至3月20日凌晨孙志刚在该救治站206房遭连续殴打致重伤，而当晚值班护士曾伟林、邹丽萍没有如实将孙志刚被调入206房及被殴打的情况报告值班医生和通报接班护士，邹丽萍甚至在值班护理记录上做了孙志刚"本班睡眠六小时"的虚假记录，导致孙志刚未能得到及时救治，3月20日，孙志刚死于这家收容人员救治站。法医事后鉴定其因大面积软组织损伤致创伤性休克死亡。后经广州中级人民法院、广州白云区法院和天河区法院三地同时审理，涉案的18名被告人受到法律制裁。

【案例讨论】 分配正义、矫正正义、实体正义、程序正义等内容是否应当纳入法律制度的设计和构建过程中？为什么？

【案例点评】 如果该案件的影响仅仅停留在这个层面上，那其意义仅仅是一起普通刑事案件得到了公正处理。但是该案件经媒体披露后在法学界引起了巨大波澜，法学界展开一场关于"良法"之治的大讨论。大家一致认为如果不从法律制度本身去解决问题，今后还会有李志刚、刘志刚等被收容被致死，因此强烈呼吁，不要让孙志刚的血白流，不要让类似的悲剧重演，从这次事件中吸取教训，以此为契机，使其成为推动中国依法治国建设社会主义法治国家的里程碑。

第二章

法哲学的基本问题

全部法律都是普遍的， 然而在某种场合下， 只说一些普遍的道理， 不能称为正确。 就是在那些必须讲普遍道理的地方， 也不见得正确。 因为法律是针对大多数， 虽然对过错也不是无所知。

——［古希腊］亚里士多德 《尼各马可伦理学》

如今应该将以二元方法论和相对主义为基础的法哲学作为上世纪法哲学发展的成果来看待。 因此在这里， 法哲学的方向并不体现在它们实际的观点上， 而只是体现在它们方法论的特点上。

——［德］古斯塔夫·拉德布鲁赫 《法哲学》

第一节　法哲学的难题史

法哲学的基本结构与法哲学研究的问题紧密相关，前者是后者研究范围的限定，也就是说法哲学研究的问题必定是其基本结构框架内的议题。有学者指出，法哲学研究的根本难题是：其一，什么是正当法？其二，我们如何认识及实现正当法。① 在这里，正当的法根据之前所阐释的法哲学的基本结构，可以从两个方面来理解，一是涉及应然意义上的法的正当性问题，二是关涉实然意义上的法律的正当性问题。虽然强调实然法和应然法交织于正当法的框架内（这个框架既包含了法的一般理论，也囊括了法的伦理学说），但是却并不意味着二者之间存在必然的因果关系或逻辑关系，而是要通过借助一定的手段和方法从应然价值中推导出实然的结果，从实然事实中证明价值判断。这就需要法哲学研究的第二个问题，"如何认识及实现正当法"这一步骤来完成。换言之，法哲学意义上的实然与应然价值沟通路径需要通过一定法学方法论来搭建，达致法哲学实然与应然价值认知上的第三条道路的实现。而实现这条道路的前提无疑是先要对法哲学的发展史做一脉络梳理。

一、 古典法律哲学

在未产生科学的远古时期，人们对加诸身的事务本质的认识，如对法律规则、法律道德等问题的看法，逐渐从无能为力向从自然中寻求答案的维度转变。在前苏格拉底时代，人们试图从"自然"的概念中探寻"正义"和"正当"的真谛，不可避免的是学者们对"自然"的理解存在不同的见解。赫拉克利特"为对抗静态最早的欧洲法律理论而提出动态的法律理论，并认识到操控所有发生事件力量的世界理性'所有人类的法律是以上帝的旨意为主'，在此，人类首

---

① ［德］考夫曼：《法律哲学》，刘幸义译，法律出版社，2004 年，第 27 页。

度区分制定的正义与自然的正义，纵若在本质上仍被理解为单一，仍肯认实证法和自然法的区别"①。与之相对，苏格拉底认为自然法存在于人们的心中，而他的学生柏拉图则认为自然法是在理念中真实的存在。他的《理想国》里基于以哲学王取替法律，哲学王经由诉诸潜含内心深处的神秘之处，而获致绝对的正义；其心智分享了神圣的智慧，而劳生息死的芸芸众生，却无法与此稍有感应沟通。②

使希腊哲学达到顶峰的亚里士多德把自然的概念设立在道德上，他以"人是城邦的动物"为起点，论述了国家的目的及与法律的关系：社会共同体的存在是"为了追求自足而且至善的生活"，而不是仅仅为了共同相处。国家"必须以促进善德为目的""凡定有良法而有志于实行善政的城邦就得操心全邦人民生活中的一切善德和恶行"。法律不是"临时合同"，它的实际意义"应该是促成全邦人民都能进于正义和善德的永久制度"③。亚里士多德这里的"善德"主要体现在他的正义理论中。④ 亚里士多德首次认为自然正义与法定正义，二者事实上是有区别的，因为他认为"制定法上之不法"是可能的。⑤

在亚里士多德之后的斯多葛学派掌控了哲学发展的方向，他们不仅架起从雅

---

① ［德］考夫曼：《法律哲学》，刘幸义译，法律出版社，2004年，第30页。

② ［英］丹尼斯劳埃德：《法理学》，许章润译，法律出版社，2007年，第58页。

③ ［古希腊］亚里士多德：《政治学》，吴寿彭译，商务印书馆，1983年，第138–140页。

④ 亚里士多德从内容上把正义区分为普遍正义（Universal Justice）与特殊正义（Particular Justice），并进而把特殊正义区分为分配正义（Distribute Justice）与纠正正义（Corrective Justice），还从性质上把正义区分为自然的正义（Natural Justice）和约定的正义（Coventional Justice）。其中，亚里士多德把合法意义上的正义称之为普遍正义，而把均等意义上的正义称为特殊的正义（有学者将其译为"部分的公正""特殊之公道"等）。

在特殊正义中，亚里士多德认为"关于部分公正以及与此相应的公正事情，有一类表现在荣誉、财物以及合法公民人人有份的东西的分配中……另一类则是在交往中提供是非的准则"。也就是说，所谓的分配正义指的是社会的财富、权力及其他可以在个人间进行分配东西的分配原则。所谓矫正的正义指的是交往中的是非准则。这包含两个层面的含义：一是自愿交往的是非准则，也就是指人与人之间经济上的交往和制定契约所遵循的原则。这种意义上的正义我们今天一般称之为交换的正义；二是对非自愿交往的纠正，也就是指民法上的损害的禁止和补偿原则。这种意义上的正义属于严格意义上的纠正的正义。在亚里士多德那里，约定的正义也称之为"惯例的正义""传统的正义"等，它是人们相互协定的结果，法律就是这样一种约定。这种正义原则可能因时因地而有所不同，有时甚至会发生矛盾和冲突。但世界上还存在着一种绝对的正义，那就是"自然的正义"。它是一种永恒不变的原则，它不受时空的限制，具有绝对的性质。在亚里士多德看来，永恒不变的"自然正义"，可以看作是相对变化的"约定正义"的一种内在根据和评价标准。无论何时何地，正义总是存在的。"自然的正义"是人们必须绝对遵守的。人们约定的东西（如法律）只有在符合自然的正义的情况下才是正义的。

⑤ ［德］考夫曼：《法律哲学》，刘幸义译，法律出版社，2004年，第30–31页。

典到罗马的哲学桥梁，而且也架起从古典通往中世纪古自然法的道路。斯多葛学派的奠基人芝诺（Zero）及其追随者把"自然"的概念置于他们哲学体系的核心位置。所谓自然，按他们的理解，就是支配性原则（ruling principle），它遍及整个宇宙，并被他们按泛神论的方式视为神。西塞罗（Cicero）深受斯多葛派哲学观点的影响。他倾向于把自然和理性等而视之，并把理性设想为宇宙的主宰力量。西塞罗在把"自然力量"赋予法律时明确提出，智者的理性和思想应当是衡量正义与不正义的标准。理性人的特征是按照理性给予每个人以应得的东西。中世纪的法哲学理论主要集中在希腊哲学（苏格拉底、柏拉图和亚里士多德）和斯多葛学派上。

二、 中世纪法哲学

中世纪受基督教影响的法哲学试图将柏拉图和亚里士多德的理论融入基督教理论中。作为教父哲学①的主要代表之一，奥古斯丁的思想观点成为基督教神学形成时期的主流，并成为基督教信仰的基础。在法律的分类方面，他将法划分为上帝法（永恒法）、自然法和人为法，代替自然法和实证法的二分法，并强调世俗法律必须努力满足永恒法的要求。如果世俗法律的某些规定明显同上帝法相悖，那么这些规定就不具有任何效力，应当被摒弃。② 在托马斯·阿奎那时代，发展至最高点的经院哲学，把亚里士多德的理论同福音教义相适应，将其整合成一个宏大的思想体系。他把法律划分为四种具有位阶序列的类别：永恒法、自然法、神法和人法。永恒法乃是"上帝的统治计划，它是指导宇宙中一切运动和活动的神圣理性和智慧。所有隶属于神辖范围的天地万物，都受永恒法的支配和调整。只有上帝才知道作为整体的永恒法"③。托马斯把理性动物对永恒法的这种参与称之为自然法。自然法仅仅是神的理性命令的不完全的和不完善的反映，但它至少能使人们知道永恒法的某些原则。④ 总之，无论是奥古斯丁对法的三分法

---

① 奥古斯丁和他的老师安布鲁斯等主教为基督教教义奠定基础而制定的理论被后世称为教父哲学。

② ［美］E. 博登海默：《法理学——法律哲学与法律方法》，邓正来译，中国政法大学出版社，2004年，第29页。

③ St. Thomas Aquina, Summa Theologica, tranl. Father of the English Dominican Province（London, 1913－1925），Pt. Ⅱ, Ist Pt., Qu. 93, art. 2.

④ St. Thomas Aquina, Summa Theologica, tranl. Father of the English Dominican Province（London, 1913－1925），Pt. Ⅱ, Ist Pt., qu. 91, arts. 2and 3.

还是阿奎那的四分法，他们都试图用这种划分代替自然法和实证法的二分法，并在此基础上通过柏拉图的意志论和亚里士多德的理智论来加以证成。他们二人均认为，人类的规范若属于一个与自然法或上帝法相矛盾的规定，则视为恶法，基本上不具有任何有效性。

在中世纪末期，出现了围绕一般概念的性质以及这些概念与现实中存在的特定客体的关系问题的讨论，以及出现了一种背离托马斯"意志服从于理性"的实在论而趋向唯名论和实证主义的思潮趋向。① 在约翰·邓斯·司各脱的著述中可以明显地看出，意志不仅支配理性，也位于知性之上。意志的这种首要性不仅适用于人类，也适用于上帝。上帝的意志形成所有的宇宙法则，而这种法则也只是上帝偶然所为的结果，而非逻辑的必然结果，现实中并不存在一般性的自然法；一般规范内涵是不可区分的，相反的，是一个由学术、由法哲学所实现的一般性规范。此种见解长久影响并支配宗教改革，特别是路德的见解。在路德之后，自然法和人定法之间不再具有任何法律上的桥梁，仅求助于怜悯、慈悲的上帝的恩赐。自然之光归于幻灭。②

三、 近代法律哲学

17 世纪至 19 世纪，近代法哲学思想日趋丰富与多元化。这些思想理念的形成和发展与 14 世纪开始的文艺复兴运动、16 世纪初进行的宗教改革、16 世纪中叶和 17 世纪中叶爆发的荷兰和英国的政治革命密切相关。其中，在 16 世纪基督教改革运动（the Reformation）中，中世纪的自然法面临两种挑战，要么像基督教神学一样被抛弃，要么脱离基督教神学，转变为时代需要的理论学说。为此，

---

① 围绕"一般概念"的这场论战，主要对立的两派是"唯实论者"和"唯名论者"。根据中世纪唯实论者的观点，在人类思想的世界与外部现实世界之间存在一种严格的对应。人们形成的一般概念，亦即人们对外部课题和现象所做的思想表述，乃是同现实世界中那种外在于精神的、客观的对应物相符合的。因此，真理、美德、正义、人性等诸如此类的一般概念，并非只是人之心智的建构，而且也是客观现实的实在之物本身，它们独立存在于它们的经验世界的具体表现形式之外。但中世纪唯名论者却否定一般概念的实在性。对他们来说，自然界中唯一实在的物质就是人们通过观察而认识的那些单个的事物和对人之感觉的认知。人们用以描述外部世界的一般概括和分类，只是一种名称，亦即称谓。这些称谓在客观自然界中并没有直接的、忠实的复本和对应物。在现实世界中，只有正义之举而不可能有正义，只有具体活着的人而不可能有人类。他们认为，任何一种一般的、抽象的描述都不可能妥切地反映一个以特殊性为支配原则的世界。

② ［德］考夫曼：《法律哲学》，刘幸义译，法律出版社，2004 年，第 32－33 页。

学者们将文艺复兴运动以来新兴的人文主义思想植入自然法学，形成自然法学的世俗化，其中代替教条和神权的是人权，代替教会的是国家，代替神意的是人的理性。这就导致了教会的法律权威被摧毁了，而且法律理论的权威性的神学基础也被摧毁了。"以前，经济关系和社会关系是由教会批准的，因此被认为是教会和教条创造的，而现在这些关系则被认为是以权利为根据并由国家创造的，由此达到社会规模并且得到充分发展的商品交换产生了（尤其是由于预付和信贷制度）复杂的契约关系，从而要求只能由社会提供公认的规章即国家规定的法律准则，于是人们认为，这些法律准则不是从经济事实中产生的，而是由国家正式规定的。"①

17世纪的法律学说是从两个层面展开的，一是认为权利乃是社会契约的产物，另一个是强调权利乃是人所固有的品质。前者主张任何事物的产生都依赖于社会组织的存在，任何正义或法律的发生都得益于政治组织的存在。这种观点经由霍布斯和斯宾诺莎的推进发展达至边沁，然后再在19世纪为英国的分析法学家所继承。后一种理论为格劳秀斯所极力推崇的学说，他认为我们不仅应当把权利置于人类社会之上，而且还要把正义置于人类社会之外和之上，也就是说，权利和正义乃是人类社会所保护的永恒且绝对的现实状况。正义和权利的存在不是因为社会组织的存在，而是因为它们本身就需要保护和保障，所以有组织的社会才存在。这种观念与日耳曼的依法治国观念有着密切联系，亦即国家受制于具有普遍且独立之效力的法律限制措施和法律规则的观念。

在18世纪，上述理论中的后一种理论占据了支配地位，但是，当时也有论者在努力探寻将上述两种理论协调起来的进路。当然，并不是探讨权利产生的社会契约的渊源，而是探究如何利用社会契约更好地保障先已存在的自然权利。18世纪康德的法哲学理论，主要呈现四个特点：第一，存在可以得到理性证明的自然权利。这些自然权利是永恒且绝对的，它们对于任何地方、任何时代、任何人都是有效的。第二，自然法乃是可以得到理性确定的律令，它以完美的方式保障着所有上述的自然权利。第三，按照政治方式组织起来的社会存在的惟一目的，便是保障人们所享有的上述自然权利。第四，实在法乃是按政治方式组织起来的社会据以践履此功能的手段，而且惟有当实在法与自然法相符合的时候，它才是有约束力的。这个时期的法律理论所诉求的乃是个人理性。只有自然权利是法律

---

① 《马克思恩格斯全集》（第21卷），人民出版社，1972年，第546页。

权利（除了某些道德不涉及的问题以外），因为法律只是一种保障自然权利的手段。

在18世纪末，康德哲学对之前的法哲学理论产生了颠覆性的影响。如果说自然权利是应当由理性加以确认的那些固有的道德品质，而且假定理性能够从给定的前提中做出正确的推论，那么理性又如何可能为我们提供前提呢？另一方面，如果说自然权利是建立在社会契约基础上的，那么上一代人达成的契约细节或默示条件又如何可能约束下一代人呢？对于这些问题，康德经过对理性的批判性反思，试图从某种终极的形而上学的原则中找出答案。为此，康德通过自我意识和意志自由的理论挖掘权利之手段的正义基础，认为法律所要解决的问题就是协调相互冲突的自由意志，而这种相互冲突的自由意志的平等则是协调的关键之所在，亦即把一条普遍规则适用于每一项行动，促使每个行动者的自由意志与任何其他人的自由意志和谐共存。[①] 康德的这种哲学意义在于终结了客观论的、实体存有论的、静态的及普遍有效的自然法，给出了一个内容变动的自然法——变化、动态及历史变动的自然法。

令人遗憾的是康德未从历史发展的角度对这种流变的自然法进行哲学讨论，错过了在19世纪和20世纪具有决定性意义的人类历史观点和法律历史观点。黑格尔是第一位全面探讨自然法历史哲学难题的学者，德意志观念论在其思想中达到最高点。依其观念论，所有的历史诉求，所有的精神活动都是依照正反论及综合论而形成的一种不断进展的行动。[②] 申言之，黑格尔既不像非理性主义者那样把道德、政治、法律和神学完全置于非科学、非理性、非逻辑的领域，也不像理性主义者那样要把这些人文领域从属于严格的科学逻辑，即分析逻辑；而是另辟蹊径，认为一切知识和信仰领域最终都服从一种逻辑，即他所发现的更新、更强有力的综合逻辑，也就是辩证法。[③] 这种辩证的发展不受民族精神影响，而是依逻辑上的理性法则产生的结果。历史是理性的发展，在世界史中有理性的成分在。在这种历史进程中，国家合理化是最终的法律价值，"道德理念的现实性"是最高的法律价值，即先有国家，再有法律，而非除了实证法之外还有自然法的

---

① ［美］罗斯科·庞德：《法理学》（第一卷），邓正来译，中国政法大学出版社，2004年，第513-514页。

② ［德］考夫曼：《法律哲学》，刘幸义译，法律出版社，2004年，第36页。

③ 顾肃：《西方政治法律思想史》，中国人民大学出版社，2005年，第316页。

观念。①

针对此，马克思和恩格斯的唯物史观不久就提出，黑格尔弄反了作用形式，因此他的辩证法必须应整个"倒转"过来：并非意识决定存在，而是由存在决定意识。更确切地说，所谓存在就是事实上的生产关系。以经济根基的改变作为基础，缓慢或快速地推翻其上的"意识形态"，而法律也属于上位，一点也不具独立性。"无产阶级专政"将导入无阶级的社会，因此，国家与法律即应消失。②

当然，在整个 19 世纪，法律实证主义逐步占据主导地位，并于其中发展出众多的实证法律理论，如施塔姆勒的逻辑实证论，凯尔森的一般法律理论，耶林创造的以利益法学为基础的经验实证论（其主要尝试着由现实生活中作为基础所存在的利益情景来理解法律）。之后出现了针对法律漏洞所提倡的法官拥有自由创造法律之权力的自由法运动。在漏洞的问题上，涉及实证论学术上逻辑不充分的地方，而促使其发展出一个恶化的制定法律实证论（在 19 世纪末，法律学者认为此种虽形式上是正确有效的产生，但因其不法内涵已属恶劣的法律），而被纳粹主义所操控。然而在当时，实证论变为不正常，不仅因人们在当时也颁布一些恶法，而且，在另一方面人们也滥用自然法的思想，而以国民自然法的名义僭越于现行法之外。③

四、 当代法律哲学

进入 19 世纪末 20 世纪初，法哲学的观点逐渐增加；第二次世界大战结束后迄今，更为增多。这种派别繁多的特征不仅体现在各派之间或同一派别内部纷乱杂呈的理论观点，而且还体现在不同的研究对象、不同研究方法以至不同的术语等方面。这一特征之所以出现，主要是为了适应资产阶级或这一阶级中特定集团在特定时期的需要，反映了不同国家、不同时期的历史文化传统、不同法律制度及法学家的不同政治倾向或其他思潮的影响。④ 虽然现代西方法哲学的派别繁多，但主要分为新自然法学、新分析实证主义法学和法律社会学。

1. 新自然法观念。西方的自然法观念曾经是长期占主导地位的法观念，这

---

① ［德］考夫曼：《法律哲学》，刘幸义译，法律出版社，2004 年，第 36 – 37 页。
② ［德］考夫曼：《法律哲学》，刘幸义译，法律出版社，2004 年，第 37 页。
③ ［德］考夫曼：《法律哲学》，刘幸义译，法律出版社，2004 年，第 40 – 41 页。
④ 沈宗灵：《现代西方法理学》，北京大学出版社，1997 年，第 26 – 27 页。

一观念于 19 世纪初遭到新产生的实证主义法学的激烈批判后，逐渐受到冷遇。但在 19 世纪末 20 世纪初，自然法学说开始复兴，新托马斯主义法学和 1910 年法国法学家夏（Joseph Charmant，1859 - 1922）《自然法的复兴》一书的出版，都表明了这种倾向，但第二次世界大战以后自然法才真正兴盛起来。由于大战中德国纳粹的立法公然践踏西方文明传统中最有价值的基本原则（如人道主义价值观、基本人权、自由和平等原则），人们深切感到需要接受一种超越专横权力的自然法作为立法的后盾。广义的新自然法学包括 19 世纪末以来的所有自然法学说。其中神学的自然法主要是以法国的马里旦、维里和德国的罗门等人为代表的新托马斯主义法学。狭义的新自然法学则主要指这段期间的非神学的自然法学派，主要代表人物是美国法学家富勒、德沃金和哲学家罗尔斯等。①

　　新自然法与传统自然法相比，在对"自然法"概念的理解上有了很大的不同。学者们不再把自然法理解为是一种与实在法并行的法律，而是更多理解为隐蔽在其背后的能对其制定和实施起指导作用的法的观念，即一种"高级的法"、理想的法或法的一种基本属性和追求的更加深层次的目标。其次，在自然法的属性定位上，也不再一味地强调自然法的恒久不变性，而是更多地强调自然法的可变性和相对性。学者们对自然法的分类也日趋多元化。如马里旦将自然法划分为本体论自然法和认识论自然法，富勒则将其划分为实体自然法和程序自然法。最后，新自然法学者采取一种开放式的态度吸纳与融合其他法学流派的观点和方法。例如新的自然法学家普遍不再像过去那样强调个人的绝对价值，而是像社会法学那样关注社会和集体，强调个人离不开社会和集体。布伦纳指出个人和共同体的关系不是平等的，个人永远服从共同体；麦斯那也说，自然道德法只能在社会和民族范围内得到承认。②

　　2. 新分析实证主义法学。分析法学③在 20 世纪以新分析法学的面貌踞于西方法哲学众多学派之中，尽管众多的分析法学学者持有纷繁复杂的理论观点，但他们却存在一些共通性的特质。首先，法律与道德无涉。法律的存在和效力与道

---

　　① 顾肃：《西方政治法律思想史》，中国人民大学出版社，2005 年，第 468 页。
　　② 严存生主编：《西方法律思想史》（第二版），法律出版社，2010 年，第 385 - 386 页。
　　③ 该学派的创始人是 19 世纪的英国法学家奥斯丁。他把边沁的功利主义应用于立法原则，认为立法学属于伦理学领域，应以最大多数人的最大幸福为出发点。但法学不同于伦理学，它仅仅研究实在法或严格意义上的法律，即只研究实际存在的法律，而不研究康德、黑格尔那样的"应当这样"的法律，即理想法和正义法。

德之间没有关系。不道德不正义的法律也是法律，"恶法亦法"。一般法律的任务是从逻辑上分析各种成熟的法制度的共同原则、概念和特征。其次，法律是一个相对独立的体系，其内容与范围与政治学、社会学等其他社会规范系统区别开来。法律推理具有相对自治性，不需要借助道德或其他社会规范。第三，法律的概念分析和结构分析是排除其他社会规范干涉的法律规范之间的实证分析。分析法学派的这些理论奠基于其方法论上。他们坚持实证主义的哲学观，拒斥形而上学的观念，坚称以实在法为研究对象，把确认实在法的存在与范围的标准视为其研究的核心内容，形成不同类型的分析实证法学理论。同时，他们还坚持法律与道德相分离的研究方法和分析的实证研究方法。① 在分析法学学者看来，法律是可以不受自然既存秩序的拘束而变动的"立法者意志"。

3. 法律社会学。法社会学派使西方 19 世纪末在社会学的影响下，在批判分析法学的基础上产生一种实证主义法学思潮，属于功利主义法学中的社会功利派。这类学者在研究法律时，将社会学的方法如社会调查、心理分析、行为分析等放入融入其中，研究法律与其他社会因素的相互作用。他们与分析实证论最大的一点区别是他们区分法律的善恶，依据的价值标准是社会利益，即好的法律是能充分保护个人利益和社会利益的规范。自然法的观念已从高高在上的抽象的个人主义转向具体的个人利益和社会利益。在这种方法论和认识论的基础上，他们轻视国家制定法或成文法，而重视非成文法或民间法，如习惯法、判例法等；对法律构成的认识也不仅仅拘泥于规则，还有原则和政策等，大大拓展了法律的认知范围。

---

　　① 总的来讲，分析方法包括三个方面的内容：实证分析、逻辑分析和语义分析。实证分析即从整体中解出部分，从表象中抽象出内在的规定性，从而认识实在法的普遍属性。逻辑分析即通过法律概念、法律规则的逻辑联系，以认识法律体系的性质和结构，以及法律推理的机制。语义分析就是通过分析语言的要素、结构、语源和语境等要素，消除语言意义的模糊不清，使语言的意义精确明晰化。这三种方法往往被现代分析法学结合起来加以使用。

第二节　沟通"实然"与"应然"的第三条道路

纵观西方法哲学史不难发现，"什么是正当法？以及我们如何认识及实现正当法"的难题症结之所在是如何认识法律的实在性与应然性。持应然法观念的学者认为，法律从本质上说就是人的规律，因此法律应当以客观规律为基础，其对人的行为的规定不能有悖于客观规律。他们认为法律是客观可认识的，其存在于自然律法、神法及理性之中。与之相对，持实在法观念的学者则主张真正的法或者说严格意义的法是国家制定的法律。它是由法律规则构成的一个法律规则或法律规范体系，其与价值无涉，是一种纯技术性和工具性的东西，或者说与政治道德、理性等价值观念无必然的和内在的联系。他们认为，至于自然规律、道德、神法及理性等理论，在内容上都是任意的和不确定的，因而不存在，至少它的内涵是不明显的。

那么，法律到底应该是什么？是依照应然法的理念来构建，还是按照实然法的观念来构建？这个问题至今没有一个很明确的回答，以至于出现了不少试图调和二者矛盾的主张"第三途径"的人。在他们看来，"也不认为法律整个具体内容需是明显的，而是要有特定结构、原则或仅对'不法的论证'采负面的意义。易言之，无论如何，并不认为有显然的'制定法上之不法'，因此，并没有受客观内容（自然）绝对拘束这回事，反之，只有相对的，在特定关系内之较佳关联之拘束"①。故此，学者们从不同的视域提出协调实然与应然关系的理论，较为典型的有综合法学、相对主义学说，以及诠释学说等理论。

第一，综合法学说。综合法学主要代表人物包括美国哈尔的"综合理论"、澳大利亚斯通的学说、美国拉斯维尔和麦克道格尔的"法律政策学"，以及博登海默、帕顿、费希纳等人的一些主张。哈尔抨击法学研究中完全忠于一派的做法，提倡自然法的价值观念应体现在实证法的形式中，最终又要见诸被统治者的

---

① ［德］考夫曼：《法律哲学》，刘幸义译，法律出版社，2004年，第55页。

同意这样的社会事实，认为法律应是形式、价值、事实三者的特殊结合体，反对将它们割裂开来。麦克道格尔和拉斯维尔认为，法律是国家共同体权力价值的一种形式，目的在于促进人们对于民主价值的共享，共同体的政策决策是法律规范制定和适用的指导性东西；法律和政策都应同最大范围和最大限度的民主价值的分配相结合，同保护人的尊严这种倾向未来的目标思想相结合。斯通从 20 世纪 40 年代至 60 年代著作的主题，一直是强调法律的结构及作用、正义的意味、利用社会中法律的适用性这三点。

第二，相对主义学说。拉德布鲁赫哲学离弃了黑格尔的哲学，新创实质法律哲学，在该哲学所涉及的不仅是形式与结构，而是内容……对此，从其康德信徒之地位言，他需付出代价，主张价值理论的相对论。[①] 拉德布鲁赫之正义理论认为，平等原则虽是完全适用，但仅有形式特质。它必须加入一具有内涵之原则，即目的的理念，而其是实质的，适用上是相对的。应为在法律三种不同之中最高价值间，包括个人主义、超个人主义及超人格的价值并无理性的、可操作的位阶秩序。因而法律安定性有其必要，而以权威确定法律之内容。再者，拉德布鲁赫之学说并非实证论的，因为其与价值有关，当然是相对论无疑。[②]

第三，法律诠释学。曾在 20 世纪 50 年代末在哲学上受业于加达默尔的阿图尔·考夫曼认为，诠释学的敌人既是自然法，也包括法律实证主义，因为后二者都致力于客观的认识概念，实体本体论的法律概念（制定法概念），概括的意识

----

① ［德］考夫曼：《法律哲学》，刘幸义译，法律出版社，2004 年，第 56 页。

② 拉德布鲁赫在《南德意志法学家报》上发表了一篇名为《制定法的不法与超制定法的法》的短文。这篇文章的核心论点被德国学者汉斯·乌尔里希·艾弗斯命名为"拉德布鲁赫公式"，即"正义与法的安定性之间的冲突应当这样来解决，实在的、受到立法与权力来保障的法获有优先地位，即使其在内容是不正义和不合目的的，除非制定法与正义间的矛盾达到如此不能容忍的地步，以至于作为'非正确法'的制定法必须向正义屈服。在制定法的不法与虽然内容不正确但仍属有效的制定法这两种情形之间划出一条截然分明的界线是不可能的，但最大限度地明确地做出另一种划还是可能的：凡是正义根本不被追求的地方，凡是构成正义之核心的平等在制定实在法时有意被否认的地方，制定法就不再仅仅是'非正确法'，毋宁说它压根就缺乏法的性质"。很容易发现，这段话包含两个层面的含义，第一，制定法的优先效力。当制定法与正义价值相冲突时，具有优先适用的法律地位。例外情况是第二层含义，制定法的次优效力，这包含两个方面的考量，一是当制定法违背正义达到"不能容忍"的地步时就会丧失法律效力，简称"不能容忍公式"；二是当制定法在制定时有意否认正义，尤其是平等的正义观时就会丧失法的地位或者说法的性质，简称"否认公式"。拉德布鲁赫公式从广义上说包括两个层面的内容，但从狭义上讲，主要指的是第二个层面所提及的"不能容忍公式"和"否认公式"。不能容忍公式涉及的是法的效力，而否认公式涉及的是法的概念。前者要回答的核心问题是"法是什么"，后者回答的核心问题则是"应当被遵守和适用什么的法"。这两个问题交融于拉德布鲁赫的理论中，搭建出法的实质内容与形式结构并存的二元相对主义理论框架。

形态和封闭的体系的理念。诠释学摒弃主客观两分图式，其理解经常是主客观并存，具体在事实与规则之间，适用者在"推论"时，不是被动地将案件置于法律之下，完全抽身于案件过程之外，相反，他扮演着一个积极建构的角色。这意味着，法律不是实体的，而具有关系特征，法律是关联的，存在于人与人的相互关系和人对物的关系之中。不言而喻，对于此种法律思想，只可能存在一个"开放的体系"，在这个体系中，只可能有"主体间性"。法律发现是对任何一个已知事物的再认识，而不是踏入新大陆。不知自己先见的法官，事实上依赖性最强。正是先见，前理解，使他知晓不得不对规范做出解释，不得不对案件进行规范性评定。①

与实证主义观点相反，在他看来，易受批评的法律的未完成性不是什么缺陷，相反，它是先天的和必然的。法律可能和允许不被明确地表达，因为法律是为案件创立的，案件的多样性是无限的。一个自身封闭的、完结的、无懈可击的、清楚明了的法律（如果可能的话），也许会导致法律停滞不前。这对法律语言同样重要。除了少许数量概念外，各种法律概念是不清晰的，它们不是抽象—普遍的概念，而是类型概念、次序概念，在那里，它们不是非此即彼，而是或多或少。②

第三节　法哲学实践课堂

主题一　专题研讨会：法的应然与实然专题研讨

【实践形式】

专题研讨会

【实践目标】

本环节的实践活动安排在第二节"沟通'实然'与'应然'的第三条道路"

---

① ［德］考夫曼：《法律哲学》，刘幸义译，法律出版社，2004年，第60-61页。
② ［德］考夫曼：《法律哲学》，刘幸义译，法律出版社，2004年，第62-63页。

的课堂教学完成之后。通过本次研讨会，使学生在大体了解法哲学基本问题的基础上，重点思考法的应然有何意旨，法实然又是为何，二者之间存在何种关系。要使学生明确法的应然与实然、法和法律之间的关系，深化对法哲学基本问题的认识。

【实践设计】

1. 活动准备。

首先，将学生进行分组，5 人左右一组。

其次，明确提出研讨会的主题和学生要思考的问题：法的应然有何意旨？法实然又是为何？二者之间存在何种关系？最后，让学生带着问题阅读参考资料《法的应然与实然》及其他相关文献，规定阅读完成的时间，明确阅读的具体要求，并引导每组学生做好材料收集和相关文献的阅读。

2. 活动组织。

时间：2 课时

地点：教室

各小组先展开讨论，讨论结束后，每组推荐 1～2 名代表发言；学生代表发言结束后，教师进行点评，引领学生对问题做进一步思索，达成对理论的更深层面解读。

【实践成果】

研讨会结束后，每位学生撰写一份研讨会的总结报告，字数要求在 2000 字以上。

【实践评价】

本次实践成绩的评定，主要依据以下几个方面的情况：

1. 材料准备情况。材料准备详实、充分为优秀；材料准备比较充分为良好；材料准备不充分为合格；没有准备为不合格。

2. 分组讨论和发言情况。能够积极参与、踊跃发言且观点清晰为优秀；参与比较积极、发言比较踊跃、观点比较清楚为良好；能够参与发言，但态度不够端正为合格；不参与发言为不合格。

3. 总结报告完成情况。提交的总结报告分析深刻、有理有据、能够理论联系实际为优秀；总结报告分析比较深刻、观点比较充分为良好；总结报告比较马虎为合格；没有总结报告或者非常马虎、草草了事为不合格。

【思考问题】

1．考察法的应然和实然对我们理解法哲学和其他部门法有何重要意义？

2．你认为法的应然和实然分别是怎样的？二者之间的相互关系是怎样的？

3．怎样理解法和法律的关系？

【参考资料】

李步云：《法的应然与实然》，《法学研究》，1997 年第 5 期。

主题二　读书报告会：关于法哲学基本问题的学习体会

【实践形式】

读书报告会

【实践目标】

本环节的实践活动安排在"法的应然与实然专题研讨"的课堂教学完成之后。通过本次读书报告会，使学生对法哲学的基本问题，即法的应然与实然问题的动态发展，以及沟通实然与应然的第三条道路等理论研究有一个更加深入的了解。

【实践设计】

1．活动准备。

首先，在第三节的课堂教学开始时，让学生课下阅读下列文献资料：

（1）谷春德主编：《西方法律思想史》（第二版），中国人民大学出版社，2004 年。

（2）严存生主编：《西方法律思想史》（第二版），法律出版社，2010 年。

（3）罗斯科·庞德：《法律、道德与正义》，陈林林译，中国政法大学出版社，2003 年。

（4）阿图尔·考夫曼：《法律哲学》，刘幸义译，法律出版社，2011年。

其次，提出在阅读相关文献时应关注几个问题：法的应然与实然问题的动态发展，以及沟通实然与应然的第三条道路等。

最后，给学生简单讲解一下相关文献。

2. 活动组织。

时间：4课时

地点：教室

完成第三节的课堂教学后，先召开读书报告会，互相交流心得体会；然后教师点评，引领学生对问题做进一步思索，达成对理论的更深层面解读。

【实践成果】

读书报告会结束后，每位学生撰写一份读书报告，字数要求在2000字以上。

【实践评价】

本次实践成绩的评定，主要依据以下几个方面的情况：

1. 文献准备和阅读情况。文献准备详实、阅读认真为优秀；文献准备比较充分、阅读较认真为良好；文献准备不充分为合格；没有准备为不合格。

2. 心得体会交流时的情况。能够积极参与、踊跃发言且观点清晰为优秀；参与比较积极、发言比较踊跃、观点比较清楚为良好；能够参与发言，但态度不够端正为合格；不参与发言为不合格。

3. 读书报告完成情况。提交的读书报告分析深刻、有理有据、能够理论联系实际为优秀；读书报告分析比较深刻、观点比较充分为良好；读书报告比较马虎为合格；没有读书报告或者非常马虎、草草了事为不合格。

【思考问题】

1. 什么是正当法？如何认识及实现正当法？

2. 各法哲学流派是如何考察法的实然和应然问题的？

3. 在实践中如何正确处理实然法和应然法之间的矛盾与冲突？

4. 各法哲学流派关于沟通应然与实然的第三条道路的认识是怎样发展的？如何看待这种"第三途径"？

【参考资料】

郑玉双：《价值一体性命题的法哲学批判：以方法论为中心》，《法制与社会发展》，2018年第2期。

主题三　专家讲堂：关于法哲学论证方法的大讨论

【实践形式】

专家讲堂

【实践目标】

本环节的实践活动通过邀请专家学者对法哲学论证方法及其在沟通法的实然与应然中的作用等问题进行专题讲座，帮助学生更加明晰法哲学基本问题的动态发展轨迹，了解法律方法论在解决法哲学基本问题中的突出作用，深化对法哲学基本问题的认识。

【实践设计】

1. 活动准备。

（1）邀请进行讲座的专家并确认讲座题目。

（2）提前告知学生讲座题目，要求学生阅读参考资料卡尔·拉伦茨的《法学方法论》及相关经典文献和历史资料，整理好问题，做好相关准备工作。

（3）通知学生讲座的时间、地点，并安排好入场顺序和就座事宜。

2. 活动组织。

（1）教师主持并动员学生认真听讲，做好记录，积极准备发言。

（2）专家讲座。

（3）学生提问，与专家进行互动。

（4）教师总结发言。

【实践成果】

专家讲座结束后，每位学生上交一篇心得体会报告，要求学生独立思考完成，有自己的观点及论据阐述，字数在2000字以上。

【实践评价】

本次实践成绩的评定标准主要依据以下几个方面的情况：

1. 文献准备和阅读情况。文献准备详实、阅读认真为优秀；文献准备比较充分、阅读较认真为良好；文献准备不充分为合格；没有准备为不合格。

2. 专家讲座时的情况。能够积极参与、踊跃提问和发言且观点清晰为优秀；参与比较积极、提问和发言比较踊跃、观点比较清楚为良好；能够参与讲座，但态度不够端正为合格；不参与讲座为不合格。

3. 心得体会报告完成情况。提交的心得体会报告分析深刻、有理有据、能够理论联系实际为优秀；心得体会报告分析比较深刻、观点比较充分为良好；心得体会报告比较马虎为合格；没有心得体会报告或者非常马虎、草草了事为不合格。

【思考问题】

1. 法哲学的论证方法主要有哪些？其对法律的正义价值的实现有何重要作用？

2. 研究法哲学论证方法，对推进法治中国建设有何启示意义？

3. 从法律方法论的角度来看，如何处理法律效果与社会效果的关系？

【参考资料】

陈金钊，邵宗林：《法治思维、法治方式与法治拓展——陈金钊教授访谈》，《上海政法学院学报（法治论丛）》，2017 年第 3 期。

第四节　精选案例

案例一：二奶 "继承案"

四川省泸州市某公司职工黄某和蒋某 1963 年结婚，但是妻子蒋某一直没有生育，后来只得抱养了一个儿子。由此给家庭笼罩上了一层阴影。1994 年，黄某认识了一个张姓女子，并且在与张认识后的第二年同居。黄的妻子蒋发现这一事实以后，进行劝告但无效。1996年底，黄和张租房公开同居，以"夫妻"名义生活，依靠黄的工资（退休金）及奖金生活，并曾经共同经营。

2001年2月，黄到医院检查，确认自己已经是肝癌晚期。在黄即将离开人世的这段日子里，张面对旁人的嘲讽，以妻子的身份守候在黄的病床边。黄在2001年4月18日立下遗嘱："我决定，将依法所得的住房补贴金、公积金、抚恤金和卖泸州市江阳区一套住房售价的一半（即4万元），以及手机一部遗留给我的朋友张某一人所有。我去世后骨灰盒由张负责安葬。"4月20日黄的这份遗嘱在泸州市纳溪区公证处得到公证。4月22日，黄去世，张根据遗嘱向蒋索要财产和骨灰盒，但遭到蒋的拒绝。张遂向纳溪区人民法院起诉，请求依据继承法的有关规定，判令被告蒋某按遗嘱履行，同时对遗产申请诉前保全。

从5月17日起，法院经过4次开庭之后（其间曾一度中止，2001年7月13日，纳溪区司法局对该公证遗嘱的"遗赠抚恤金"部分予以撤销，依然维持了住房补贴和公积金中属于黄部分的公证，此后审理恢复），于10月11日纳溪区人民法院公开宣判，认为：尽管继承法中有明确的法律条文，而且本案中的遗赠也是真实的，但是黄将遗产赠送给"第三者"的这种民事行为违反了民法通则第七条"民事活动应当尊重社会公德，不得损害社会公共利益，破坏国家经济计划，扰乱社会经济秩序"，因此法院驳回原告张某的诉讼请求。

【案例讨论】 结合公序良俗原则，探讨道德、法和法情的关系。

【案例点评】 德国学者冯·图尔说："权利是私法的核心概念，同时也是对法律生活多样性的最后抽象。"权利构建了民法的核心，整个民法就是以权利为中心而构建的体系。民事权利的行使不仅涉及权利人的利益，而且涉及他人的利益，甚至社会的利益，一旦权利的行使超过了权利底线，违反了公序良俗，或权利人方面无正当利益，或权利人因行使权利所获利益极小，而损害他人或社会的利益极大，即构成了权利滥用。这使得法律维护社会公平正义的价值无法实现。

案例二：美国马伯里诉麦迪逊案

在1800年的美国总统大选中，联邦党人遭到惨败，但即将卸任的联邦党人总统约翰·亚当斯利用仍然在职的机会任命42名联邦党人担任哥伦比亚特区的治安法官。不过，时任国务卿的约翰·马歇尔却没来得及把委任状全部发出。当新总统托马斯·杰弗逊继任总统以后，他命令新国务卿詹姆士·麦迪逊不向这42名联邦党人中的17人颁发委任状，其中包括威廉·马伯里的委任状。马伯里决定提起诉讼。他所依据的是美国国会制定颁布的1789年《司法法》第13条的规定，即"最高法院……有权在法律制度和习惯授予的权限的范围之内……向在合众国任职的人员……发布法院的命令状"。马伯里通过他的律师向最高法院提出申诉，要求最高法院向国务卿麦迪逊发布一道命令状，命令他发放委任状。但最高法院的发言人约翰·马歇尔（当时已经成为最高法院首席大法官）则认为，1789年《司法法》第13条与《美国联邦宪法》第3条第1款相抵触，因为宪法本身把最高法院的初审权限制在"涉及大使、公使、领事以及以州为当事人的案件"。由于马伯里不属于以上的任何一类，最高法院不愿意受理此案。最后，美国联邦最高法院认为，尽管马伯里的权利受到了侵害并应当得到法律救济，但是，联邦最高法院对这一政治性的问题没有管辖权。并且联邦最高法院认为，马伯里所依据的1789年《司法法》的有关规定违宪无效，不能适用于本案。据此，联邦最高法院驳回了马伯里的诉讼请求。

【案例讨论】 结合本案，阐释美国三权分立的权力制衡及其表现。

【案例点评】 根据本案，阐明法的意义，是法院的职权。法官适用法规，以审判诉讼案件，当然有解释法规的必要。两种法规相互抵触，法院必须决定适用哪一种法规。所以，法律若和宪法抵触，而法律与宪法又都可以适用同一种案件，那么法院是适用宪法的规定，还是适用法律的规定？二者必居其一。如果法院尊重宪法，以为宪法的效力在法律之上，则宜舍法律而适用宪法。否则，一切成文宪法都没有存在的必要了。一方面要限制议会的权力，另一方面又要给予议会以万能的权力；一方面加以限制，另一方面又允许其逾越限制，这在逻辑上是矛盾的。

第三章

法哲学的基本价值理念体系

正义有着一张普罗透斯似的脸，变幻无常、随时可呈不同形状，并只有极不相同的面貌。当我们仔细查看这张脸并试图解开隐藏其表面之后的秘密时，我们往往会深感迷惑。

——［美］E. 博登海默 《法理学——法律哲学与法律方法》

正义是社会体制的第一美德，就像真实是思想体系的第一美德一样。一种理论如果是不真实的，那么无论它多么高雅，多么简单扼要，也必然会遭到人们的拒绝或修正；同样，法律和体制如果是不正义的，那么无论它们多么有效，多么有条不紊，也必然会为人们所改革或废除。

——［美］约翰·罗尔斯 《正义论》

第一节　西方法哲学的正义观

正义是西方法哲学的核心观念。尼采曾说过，当我们论及希腊人时，实际上我们是在不由自主地谈论现在和过去。① 同样，当我们在谈及西方法哲学时，无论这一理论的长河多么绵延流长，其实我们都在谈论正义的问题。只是这个正义的内涵正如博登海默所说，"有着一张普罗透斯似的脸，变幻无常、随时可呈不同形状"。在当代西方，罗尔斯和德沃金是社会正义理论的集大成者，他们分别从"差别平等"和"资源平等"的角度对弱势群体的保护进行了开拓性研究。透过这两种正义观，我们能更加充分地、深切地理解正义的内容和意义。

一、 罗尔斯的社会正义观

罗尔斯的社会正义理论主要体现在他对"最少受惠者"的关注上，他试图利用差别原则来改善"最少受惠者"的境况，来达到一种实质平等的保护结果。也就是说，罗尔斯的正义理论反映的是对"最少受惠者"的偏爱，是一种尽力想通过某种补偿或再分配使一个社会的所有成员都处于一种平等地位的愿望。

首先，有差别平等是保护社会经济结构中的"最少受惠者"。罗尔斯认为，正义的主要问题是社会基本结构，或更准确地说，是社会主要制度分配基本权利和义务、决定由社会合作产生的利益之划分的方式。这种正义制度的构建是围绕社会基本结构的两大部分而展开：一是有关公民的政治利益部分，二是有关社会和经济利益的部分。尽管有关公民平等自由的政治权是基本的，但历经几百年的理论构建和政治实践，政治自由已基本得到解决，并且作为民主制度的基本原则

---

① 希腊人通过对自然、社会和社会制度进行彻底的、基本的分析，给西方哲学开了个头，希腊哲学则成了世界哲学的一个显微镜。由于后来的经验和发现，希腊思想家提出的一些假定和结论未能经受住时间的考验。但是这些思想家用哲学的术语提出和讨论人生的基本问题，寻求解决问题的各种可能的方法却被认为是持久有效的。在这个意义上讲，尼采所说的这句话在今天仍然是正确的。

和政治理念深深根植于人们的政治生活和观念之中。所以，罗尔斯强调，改善"最少受惠者"的境况只能在经济结构中进行考量。

其次，有差别平等是保护"最少受惠者"的主要方式。在罗尔斯看来，人们之所以在经济领域中处于不平等的地位，或是因为社会境况的不同造成的，如社会地位、家庭出身、等级、阶级等因素，或是因自然禀赋的差异而产生的，如体力、智商、能力、健康状况等。对于前一种原因产生的"最少受惠者"，罗尔斯指出，我们可以借助机会平等来解决，而对于后一种情况产生的弱势群体则是我们面临的主要问题，需要借助有差别平等的原则来解决。由于出身和天赋的不平等是不应得的，这些不平等就多少应给予某种补偿。这样，补偿原则就认为，为了平等地对待所有人，提供真正的同等机会，社会必须更多地注意那些天赋较低和出生较不利的社会地位的人们。这个观念就是按平等的方向补偿由偶然因素造成的倾斜。关于具体如何做，罗尔斯认为较大的资源可能要花费在智力较差而非较高的人们身上，至少在某一阶段，比方说早期学校教育就应如此。

最后，有差别平等是保护"最少受惠者"的实质平等。罗尔斯主张利用税收、法律等补偿手段来保证弱势群体的有差别平等，力图实现实质的结果平等。这种有平等有两个典型特征：一是有差别的平等是对"最少受惠者"的相对保护。这意在保证"最少受惠者"实质分配结果平等的同时，还要保证一定收入上的差别以刺激总体财富水平，这些不平等在现代国家中对于工业经济运行是必要的，或是能够极大提高效率的。二是有差别的平等是在自由优先前提下保护"最少受惠者"。罗尔斯的正义理论包括平等自由的原则、机会平等和差别原则。这些原则的排列不是同一次序，而是一种"辞典式序列"。在这一序列中，那些较早的原则相对于较后的原则来说就毫无例外地具有一种绝对的重要性，即第一个正义原则（自由）优先于第二个原则（平等）。这实际意味着，社会基本结构要以在先的原则所要求的平等的自由的方式，来安排财富和权利的不平等。

二、 德沃金的社会正义观

对于罗尔斯的理论，德沃金基本上持赞同态度，认为的确要尽最大努力消除社会环境和个人境况方面的不平等，保护弱者的利益。但是，德沃金指责罗尔斯虽然注意到了自然境况对"最少受惠者"的影响，但却没有考虑每个个体的人生抱负、嗜好等个性特征，忽视了个人的权利与责任。所以，德沃金主张要用资源平等的理论来对此加以修正。

第一，资源平等是关心和尊重少数人权利的理论。德沃金认为，政府不应该基于某一个公民认为某一群人的生活方式比另外一群人的生活方式较高贵或较优越，而对其自由做出限制；政府不得借口某些人更值得关心而有资格得到更多的好处，从而不平等地分配利益和机会。德沃金说，作为弱者的少数人应具有得到平等对待的权利，这是在有关这些利益和机会应当如何分配的政治决定中受到平等关心和尊重的权利。为此，德沃金将伦理学的两个基本原则——同等重要的原则和具体责任原则——作为实现这一权利的基本保障。其中，同等重要原则强调的是政府责任，而具体责任原则强调的是个人责任。在这两个原则的基础上，德沃金指出，平等的关切就是要求政府致力于一种关注少数弱者物质平等的形式，而这无疑也是资源平等的内在要求。

第二，资源平等是通过保险方案来保护弱者利益。德沃金建议通过两种独立的保险方案来消解因自然残障和自然天赋不平等产生的弱势群体。第一种方案指出，如果没有那种改变这些相等的概率的（不可保险的）原生运气，"一般人会在那个水平上购买保险，并相应地补贴那些发生残障的人，其费用来自税收或专为这种费用而采取的其他强制性手段，如果概率是平等的，就作为险费提供给他们。这样一来，发生残障的人就会有多于其他人的资源可以支配，但是决定其额外资源数量的，是人们在比其实际处境更平等的环境条件下做出的市场决定"。第二种方案是让我们考虑资源平等之下残障问题的另一种解决办法。某个生来具有残障的人在资源上一开始就比其他人少，他就应当被允许通过转让支付来赶上（在任何一个平等市场上剩下的东西被拍卖完之前）。事实上，任何数量的初始补偿都不能使某个生来失明或没有心理能力的人，在生理或心理资源上与某个被当作在这些方面"正常"的人相平等。

第三，资源平等是保护弱者权益的自由式起点平等。为了避免罗尔斯式的结果平等的局限性，德沃金认为自己提出的资源平等是起点平等思想的最好体现。按照资源平等理论，它使平等分配不依靠直接测算的结果，如偏好的满足，而是依靠一个协调的决策过程。在这个过程中，对自己的抱负和计划承担责任并因这种责任而承认自己属于一个实行平等关切的共同体的人们，能够认识他们自己的计划给别人造成的真实成本，所以在设计和调整他们的这些计划时，只利用原则上人人可以享用的资源中公平的一份。为使这一过程充分而恰当，必须有本质意义上的自由，因为某人占有一定的资源或机会给别人造成的真实的机会成本，只能在人们的抱负和信念是真实的、他们的选择和决定合理地适用于那些抱负和信念时才能被发现。

第二节　社会主义核心价值与法治

2016 年 10 月 11 日，中共中央全面深化改革领导小组（简称中央深改组）第二十八次会议审议通过了《关于进一步把社会主义核心价值观融入法治建设的指导意见》，就社会主义核心价值观融入法治建设做出了具体部署，成为新形势下社会主义核心价值观与法治建设融合发展的重要政策依据。《指导意见》明确指出，把社会主义核心价值观融入法治建设，是坚持依法治国和以德治国的必然要求。[①] 两者融合发展有利于发挥法治和德治在国家治理中相互补充、相互促进、相得益彰的积极作用，对于推进国家治理体系和治理能力现代化具有重大而深远的意义。笔者主张一定要站在全面推进依法治国、巩固全体人民团结奋斗的共同思想道德基础的战略高度，把社会主义核心价值观融入司法为民、公正司法的全过程、各环节，同时切实发挥法治对社会主义核心价值观培育的支撑作用，充分认识社会主义核心价值观与法治建设融合发展的价值意蕴。

一、　坚持依法治国与以德治国相结合的必然要求

法治和人治是相对应的历史范畴，它们构成了人类政治文明史的一个基本问题，也是世界上各个国家在实现自身现代化过程中必须面对和解决的一个重大问题。纵观人类发展史，凡是顺利进入现代化的民族国家，都要解决好法治和人治的关系问题。相反，一些国家尽管取得了较快的发展，但始终不能迈入现代化的大门，究其实质，他们没有实现法治化，而法治是现代化的一个核心指标和重要内容。如习近平同志所言，治理一个国家、一个社会，关键是要立规矩、讲规

---

① 中共中央办公厅、国务院办公厅：《关于进一步把社会主义核心价值观融入法治建设的指导意见》，《人民日报》，2016 年 12 月 26 日。

矩、守规矩。法律就是治国理政最大最重要的规矩。"我国是一个有十三亿多人口的大国，地域辽阔，民族众多，国情复杂。我们党在这样一个大国执政，要保证国家统一、法制统一、政令统一、市场统一，要实现经济发展、政治清明、文化昌盛、社会公正、生态良好，都需要秉持法律这个准绳、用好法治这个方式。"①

所谓法治，就是依法治国，要求广大人民群众在中国共产党的领导下，依照宪法和法律规定，通过各种途径和形式管理国家事务，管理经济文化事业，管理社会事务，保证国家各项工作都依法进行。依法治国是中国共产党领导中国人民治理国家的基本方略，实行这一方略，"是发展社会主义市场经济的客观需要，是社会文明进步的重要标志，是国家长治久安的重要保障"②。党的十八大以来，为实现"两个一百年"奋斗目标、实现中华民族伟大复兴的中国梦，以习近平总书记为核心的中央领导集体明确提出"全面推进依法治国"的伟大决策，表明中国社会主义法治建设翻开了新的篇章。

全面准确把握社会主义法治建设进入新时代，首先要梳理新中国法治建设的曲折发展史。从1949年筹备成立中华人民共和国，中国共产党带领中国人民进行了长期的革命、建设和改革，逐步走上了全面建设社会主义法治国家的道路。整个20世纪50年代，是中国社会主义法律制度初创时期。这10年间，新中国制定了《中国人民政治协商会议共同纲领》（1949）和《中华人民共和国宪法》（1954）及其他一系列法律、法令，一举奠定了法治中国建设的基础。70年代末党的十一届三中全会召开，新中国法治出现了转折。在这次全会上，党领导人民认真总结了社会主义建设的历史经验，做出了把党和国家工作的重心转移到社会主义现代化建设以及实行改革开放的重大决策上来，同时还明确提出了发展社会主义民主、加强社会主义法制的任务。三中全会提出，"为了保障人民民主，必须加强社会主义法制，使民主制度化、法律化，使这种制度和法律具有稳定性、连续性和极大的权威，做到有法可依，有法必依，执法必严，违法必究"③。值得提出的是，邓小平同志在此期间明确使用了"法治"概念，强调要通过政治

---

① 中共中央文献研究室：《全面依法治国，开启中国法治新时代——学习〈习近平关于全面依法治国论述摘编〉》，《人民日报》，2015年5月5日。

② 中共中央文献研究室：《十五大以来重要文献选编》，人民出版社，2000年，第31页。

③ 中共中央文献研究室：《三中全会以来重要文献选编》，人民出版社，1982年，第11页。

体制改革"处理好法治与人治的关系"①。

1997 年党的十五大明确提出"依法治国",将"建设社会主义法治国家"确立为社会主义现代化建设的重要目标,提出"到 2010 年形成有中国特色社会主义法律体系"的重大任务,自此以后依法治国被确定为"党领导人民治理国家的基本方略"。第九届全国人大二次会议将"依法治国,建设社会主义法治国家"写入了宪法,用国家根本大法的形式确立了依法治国的历史地位。2002 年党的十六大将"依法治国"纳入全面建设小康社会的目标。② 2007 年党的十七大再次明确全面落实依法治国基本方略,"加快建设社会主义法治国家"③。2012 年党的十八大强调要"全面推进依法治国""完善中国特色社会主义法律体系"④。党的十八届四中全会审议并通过了《中共中央关于全面推进依法治国若干重大问题的决定》,深刻阐明全面推进依法治国的重大意义,并且科学确定了全面推进依法治国的指导思想、总体目标、根本原则、重大任务和具体部署,精心绘制了法治中国的蓝图,为全面推进依法治国指明了目标方向、提供了基本遵循。⑤

就概念具体表述而言,习近平总书记在 2014 年末全国政协新年茶话会上首次使用"全面依法治国"的表述,⑥ 这可以视为对"全面推进依法治国"表述的简化版本。有学者对全面依法治国的内涵进行了具体的阐释。所谓"全面"是对完善整个国家治理体系结构的推进;"依法"是对法律本体性价值的凸显,治国理念是对以人为本的价值旨归的实现。⑦ 其一,全面依法治国方略之"全面"性是对完善国家治理体系结构的推进,主要体现在法律治理范围的广泛性上。如习近平总书记指出:"国家治理体系是在党领导下管理国家的制度体系,包括经济、政治、文化、社会、生态文明和党的建设等各领域体制机制、法律法规安排,也就是一整套紧密相连、相互协调的国家制度。"⑧ 只有"全面"实现依法而动的治理模式,各种体制机制、法律法规和国家制度的制定与执行以及国家治

---

① 《邓小平文选》(第 3 卷),人民出版社,1993 年,第 177 页。
② 中共中央文献研究室:《十六大以来重要文献选编》,中央文献出版社,2005 年,第 15 页。
③ 中共中央文献研究室:《十七大以来重要文献选编》,中央文献出版社,2009 年,第 24 页。
④ 中共中央文献研究室:《十七大以来重要文献选编》,中央文献出版社,2009 年,第 21 页。
⑤ 邸乘光:《"四个全面"视域中的"全面依法治国":历史演进、基本内涵与重要功能》,《黑龙江社会科学》,2016 年第 6 期。
⑥ 习近平:《在全国政协新年茶话会上的讲话》,《人民日报》,2015 年 1 月 1 日。
⑦ 陈勇、武曼曼:《全面依法治国背景下法律与道德的关系新探》,《思想教育研究》,2016 年第 5 期。
⑧ 习近平:《习近平谈治国理政》,外文出版社,2014 年,第 91 页。

理体系和治理能力的提升等方面才能达到预期的效果。其二，"依法"是对法律本体性价值的尊重。我国封建社会的法治最后总是沦为维护特权阶级利益的工具，与当代中国努力维护法律的权威性有着根本的区别。在我国漫长的以自然经济和宗族血缘关系为特点的封建时期，法律与道德均围绕封建制度所赋予的特权阶层的意志而动。在当今，全面依法治国的提出，将权力阶层纳入到法律的约束之下，确立了人与人之间的平等关系。全面依法治国方略从人本的角度着重突出人民群众在国家治理中的主体地位，将广大人民群众运用法律治理国家的身份予以确认，明确了法律在治理过程中服务于人民群众的价值旨归，从而开创了人民参与和监督治国理政的新局面。①

二、　社会主义核心价值观是以德治国的当代发展

习近平总书记在中央政治局第三十七次集体学习时提出，要强化道德对法治的支撑作用，发挥道德的教化作用，提高全社会文明程度，为全面依法治国创造良好人文环境。可以说，党的十八届四中全会决议中明确提出的"坚持依法治国和以德治国相结合"，二者是相互促进，相辅相成的。众所周知，道德是调整人与国家、人与社会、人与自然、人与自身之间关系的行为规范的总和，它不仅包括一般意义上具体的道德规范，还包括国家和公民的理想信念、社会的价值目标等。社会主义核心价值观由于以精炼的话语涵盖了"德"的本质内容，因而成为以德治国方略的内核。

江泽民同志在 2001 年的全国宣传部长会议上提出"以德治国"的方略，颁布了《公民道德建设实施纲要》，明确了公民基本道德规范，即"爱国守法、明礼诚信、团结友善、勤俭自强、敬业奉献"。中央这么做的根本原因在于世纪之交的中国各种思潮不断泛滥，市场经济的逐利本性所带来的拜金主义、享乐主义、极端个人主义等负面效应不断凸显，致使原有的道德价值观受到巨大挑战，而新的道德价值观却一直未能总结提炼出来，以致相当长一段时间中国出现了道德价值观的真空。社会主义核心价值观体系和核心价值观登上历史的舞台，并且构成了"以德治国"方略的内核。习近平总书记指出："核心价值观，其实就是一种德，既是个人的德，也是一种大德，就是国家的德、社会的德。国无德不

兴，人无德不立。如果一个民族、一个国家没有共同的核心价值观，莫衷一是，行无依归，那这个民族、这个国家就无法前进。"① 因此，"以德治国"的关键是积极培育与践行社会主义核心价值观。如果说"依法治国"彰显的是一种工具理性和刚性的治国方式，那么"以德治国"体现的则是一种价值理性和柔性的治国方式，只有两者相结合，刚柔相济，才能更好地实现国家的治理目标。党的十六大报告将"依法治国和以德治国相结合"概括为十条基本经验之一，也体现了以德治国的重要意义。

当然，以德治国不是新中国的专利，"德主刑辅""明德慎罚"等德治思想在我国古代就已存在，而且构成了国家治理的主要方式。但是古代德治思想有两个缺陷，其一，德治无法得到全体社会成员的普遍认同，无法内化为他们的共同价值。其二，更为本质的是，德治被统治者鼓吹为治民之术，其目的只是为了将广大的人民变成言听计从的顺民而已。② 马克思、恩格斯说过："一切划时代的体系的真正内容都是由于产生这些体系的那个时期的需要而形成起来的。所有这些体系都是以本国过去的整个发展为基础的，是以阶级关系的历史形式及其政治的、道德的、哲学的以及其他的成果为基础的。"③ 中华人民共和国成立后，中国共产党领导中国人民进行社会主义建设和改革开放，吸收了古代德治思想的优秀成分，形成了有别于传统阶级社会的社会主义德治理念。首先，"以德治国"是马克思主义思想的现实体现。马克思主义关于无产阶级专政的学说，是对人民民主、对敌人专政的辩证统一，它是让最广大的人民群众最大限度地享有民主权利的制度。由此可见，人民民主专政就是最大的德政。其次，"以德治国"批判地继承了中国传统文化精华，是传统思想资源在新的历史条件下的再锻造。④党的十六届六中全会提出了建设社会主义核心价值体系的要求，以马克思主义作为指导思想，是对社会主义道德的高度概括和总结。今天所说的以德治国或者新型社会主义"德治"观，是以为人民服务为核心，以集体主义为原则，重视道德教育和道德感化的作用，强调选拔干部须德才兼备、以德为先，要求各级领导干

---

① 习近平：《青年要自觉践行社会主义核心价值观——在北京大学师生座谈会上的讲话》，《人民日报》，2014年5月5日。

② 张隽利：《论社会主义核心价值观视域下的依法治国与以德治国》，《长春工程学院学报（社会科学版）》，2016年第1期。

③ 《马克思恩格斯全集》（第3卷），人民出版社，1995年，第544页。

④ 任淑艳：《以德治国思想的价值分析》，《党史文苑》，2013年第4期。

部"讲党性、重品行、作表率",发挥示范带头作用的"德治";是在肯定"法治"重要意义的基础上,使"德治"与"法治"互相补充,并行不悖,共同维护和保障国家长治久安的"德治"。

当代公民的道德建设必须紧紧围绕社会主义核心价值观开展。习近平总书记在北大发表的讲话中指出:"人类社会发展的历史表明,对一个民族、一个国家来说,最持久、最深层的力量是全社会共同认可的核心价值观。核心价值观,承载着一个民族、一个国家的精神追求,体现着一个社会评判是非曲直的价值标准。"①的确,历史上国家的治理、政权的巩固、社会的稳定与人民的幸福都离不开核心价值观的支撑,核心价值观的形成是国家政治特别是德治的重要组成部分,德治则是核心价值观的有效载体。②

有学者就社会主义核心价值观和以德治国的关系提出了以下三点意见:其一,社会主义核心价值观是以德治国的导向。其二,社会主义核心价值观支撑公民道德建设,核心价值观是公民判断事物是非的依据和标准,也是公民的一种行为准则。其三,社会主义核心价值观是以德治国的组成部分,公民首先应该在思想层面进行核心价值观的建设,从而深化至现实生活的道德建设。③笔者赞同上述学者的三点主张,并再次强调,党的十八大提出的"三个倡导"的社会主义核心价值观,是马克思主义与社会主义现代化建设相结合的产物,与中国特色社会主义发展要求相契合,与中华优秀传统文化和人类文明优秀成果相承接,是我们党凝聚全党全社会价值共识做出的重要论断。当代中国,只有"三个倡导"的社会主义核心价值观,才真正反映了中国特色社会主义实践的需要和最广大人民的根本利益、共同愿望。培育和践行社会主义核心价值观,对于全面依法治国进程中的中国推进以德治国,发展中国特色社会主义伟大事业、实现中华民族伟大复兴的中国梦,具有重要的现实意义和深远的历史意义。④

---

① 习近平:《青年要自觉践行社会主义核心价值观——在北京大学师生座谈会上的讲话》,《人民日报》,2014年5月5日。

② 覃正爱:《社会主义核心价值观的本质、灵魂及与"以德治国"的关系》,《理论视野》,2015年第9期。

③ 张隽利:《论社会主义核心价值观视域下的依法治国与以德治国》,《长春工程学院学报(社会科学版)》,2016年第1期。

④ 雒树刚:《坚持依法治国和以德治国相结合》,《北京青年工作研究》,2014年第11期。

三、 融合发展是以德治国与依法治国相结合的丰硕成果

今天的"以德治国"和社会主义核心价值观建设，不仅不排斥"依法治国"，而且是在"依法治国"的基础上提出的，两者结合、相辅相成。也就是说，今天我们讨论以德治国和社会主义核心价值观的培育和践行，一个基本的背景就是全面依法治国。全面推进依法治国是一项复杂的社会系统工程，不仅要坚持科学的指导思想，牢牢把握既定的总体目标，还必须切实坚持一些基本原则。《中共中央关于全面推进依法治国若干重大问题的决定》强调，全面推进依法治国，必须"坚持中国共产党的领导""坚持人民主体地位""坚持法律面前人人平等""坚持从中国实际出发""坚持依法治国和以德治国相结合"等基本原则。① 坚持"依法治国"和"以德治国"相结合，这不仅是《决定》所强调坚持的一个基本原则，更是宪法本身所明确载入的规定和要求。

我国宪法第 24 条规定："国家通过普及理想教育、道德教育、文化教育、纪律和法制教育，通过在城乡不同范围的群众中制定和执行各种守则、公约，加强社会主义精神文明的建设。国家提倡爱祖国、爱人民、爱劳动、爱科学、爱社会主义的公德，在人民中进行爱国主义、集体主义和国际主义、共产主义的教育，进行辩证唯物主义和历史唯物主义的教育，反对资本主义的、封建主义的和其他的腐朽思想。"宪法第 53 条强调："中华人民共和国公民必须遵守宪法和法律，保守国家秘密，爱护公共财产，遵守劳动纪律，遵守公共秩序，尊重社会公德。"这实质上是分别从国家和公民两个不同层面强调德治。第九届全国人民代表大会第二次会议通过了《中华人民共和国宪法修正案》，把"依法治国"正式写入了宪法，其第十三条修正案规定："宪法第五条增加一款，作为第一款，规定：'中华人民共和国实行依法治国，建设社会主义法治国家。'"这在宪法的意义上把中国共产党的政治目标转变为国家的治理目标，或者更准确地说，转变为国家的宪政目标。这是一个重大的历史性决定，从此，国家治理的模式告别了数千年的人治模式。

习近平同志在主持中共中央政治局第三十七次集体学习时强调，法律是准

---

① 中共中央办公厅：《中共中央关于全面推进依法治国若干重大问题的决定》，《人民日报》，2014年 10 月 29 日。

绳，任何时候都必须遵循；道德是基石，任何时候都不可忽视。在新的历史条件下，我们要把依法治国基本方略、依法执政基本方式落实好，把法治中国建设好，必须坚持依法治国和以德治国相结合，使法治和德治在国家治理中相互补充、相互促进、相得益彰，推进国家治理体系和治理能力现代化。习近平指出，法律是成文的道德，道德是内心的法律。法律和道德都具有规范社会行为、调节社会关系、维护社会秩序的作用，在国家治理中都有其地位和功能。法安天下，德润人心。法律有效实施有赖于道德支持，道德践行也离不开法律约束。法治和德治不可分离、不可偏废，国家治理需要法律和道德协同发力。①

德法并举是中国传统的政治理念。在中国历史上，法治和德治在国家治理中各自起着独特的、不可替代的作用。从孔子提出"宽猛相济"、荀子提出"隆礼而重法"到汉代董仲舒强调"阳为德，阴为刑"，从唐代到宋元明清，一直提倡"制礼以崇敬，立刑以明威"，提倡德法并治的理念及治国之道。两千多年的封建统治，大都是德治、法治两手抓，社会稳定了，德治多一点；社会不稳定了，法治则多一点。上台之初的统治者为了王朝的稳固，可能会多讲一些德治；但即使是这个时期，法治的压迫功能仍会发挥极大的作用。而王朝的后期，法治往往会多一些。德治和法治的往复循环构成了中国封建统治的周期律。可以说，中国封建社会两千多年的历史，是王朝更迭的历史，也是德治和法治交替的历史。②

当然，如前所述，中国历史上的德治和法治都是专制统治的不同形式而已，它们涉及的问题是专制统治下法和德哪个更有用的问题。历史上的德治和法治都是人治。而只要是人治，就不可能是真正的德治，也不可能是真正的法治。提倡德法并治的封建王朝统治，并不因为主张德治就变得人道和公平。历史上许多封建法律规定贵族和官吏不受司法机关和普通法律程序约束，司法机关非经皇帝许可，不能拘捕、审问贵族和官吏。汉初有先请制度，宗室、贵族及六百石以上官员有罪，均须先请示皇帝，而后才得逮捕审问。③ 我国新时期"依法治国"和"以德治国"的关系，不是传统法治和德治的关系，它们之间有着本质上的差

---

① 习近平：《坚持依法治国和以德治国相结合 推进国家治理体系和治理能力现代化》，《人民日报》，2016 年 12 月 11 日。

② 蒋德海：《依法治国和以德治国并举要超越历史的周期律》，《上海大学学报（社会科学版）》，2017 年第 1 期。

③ 蒋德海：《依法治国和以德治国并举要超越历史的周期律》，《上海大学学报（社会科学版）》，2017 年第 1 期。

异。这种差异表现在依法治国和以德治国在国家治理中占有不同地位。依法治国是治国方略，是宪法原则，在社会生活中有最高的规范性效力，任何人、任何组织都不得违反宪法。以德治国是执政党的执政原则或政治伦理，是党的规则。党的规则须服从国家的宪法，以德治国要服从依法治国的方略。不能将以德治国独立于依法治国之外，更不能用以德治国排斥依法治国。① 在新的历史条件下，推进依法治国和以德治国的同步发展，不能简单地重复或照搬传统的德法并治，更不是中国传统政治文化的复兴，而是社会主义政治文明基础上法治文明和道德文明建设的创新。这就要求我们在推进依法治国的过程中，加强社会主义核心价值观建设，努力实现两者的融合发展，通过社会主义核心价值观的建设把法治和德治紧密结合成一种国家治理方式，依赖于人民对价值观和法治的深刻认同，将其内化，约束人民的外在行为。

第三节　法哲学实践课堂

主题一　专题研讨会：法哲学基本内涵专题研讨

【实践形式】
专题研讨会

【实践目标】
本环节的实践活动安排在第二节"社会主义核心价值与法治"的课堂教学完成之后，通过本次的研讨会，使学生在大体了解中西法哲学的基本结构的基础上，重点思考西方正义内涵的流变轨迹，以及如何认识正义、法律正义和社会正义。要使学生明确正义的基本内涵及其与相关概念的关系，深化对法哲学理论的认识。

---

① 蒋德海：《依法治国和以德治国并举要超越历史的周期律》，《上海大学学报（社会科学版）》，2017 年第 1 期。

【实践设计】

1. 活动准备。

首先，将学生进行分组，5 人左右一组。

其次，明确提出研讨会的主题和学生要思考的问题：西方正义内涵的流变轨迹是怎样的，如何认识正义、法律正义和社会正义？

最后，让学生带着问题阅读参考资料《近代西方法哲学的主要论点》及其他相关文献，规定阅读完成的时间，明确阅读的具体要求，并引导每组学生做好材料收集和相关文献的阅读。

2. 活动组织

时间：2 课时

地点：教室

各小组先展开讨论，讨论结束后，每组推荐 1～2 名代表发言；学生代表发言结束后，教师进行点评，引领学生对问题做进一步思索，达成对理论的更深层面解读。

【实践成果】

研讨会结束后，每位学生撰写一份研讨会的总结报告，字数要求在 2000 字以上。

【实践评价】

本次实践成绩的评定，主要依据以下几个方面的情况：

1. 材料准备情况。材料准备详实、充分为优秀；材料准备比较充分为良好；材料准备不充分为合格；没有准备为不合格。

2. 分组讨论和发言情况。能够积极参与、踊跃发言且观点清晰为优秀；参与比较积极、发言比较踊跃、观点比较清楚为良好；能够参与发言，但态度不够端正为合格；不参与发言为不合格。

3. 总结报告完成情况。提交的总结报告分析深刻、有理有据、能够理论联系实际为优秀；总结报告分析比较深刻、观点比较充分为良好；总结报告比较马虎为合格；没有总结报告或者非常马虎、草草了事为不合格。

【思考问题】

1. 如何理解正义的内涵？

2. 正义与法律的相互关系是怎样的？

3. 怎样理解正义的流变性？西方正义内涵的流变轨迹是怎样的？

4. 西方法哲学的正义观和我国传统的正义观有何异同？

【参考资料】

沈宗灵：《现代西方法理学》，北京大学出版社，1997年。

主题二　读书报告会：关于社会主义核心价值观与法治的学习体会

【实践形式】

读书报告会

【实践目标】

本环节的实践活动安排在"法哲学基本内涵专题研讨"的课堂教学完成之后。通过本次读书报告会，使学生对社会主义核心价值观、依法治国等基本理念等有一个更加深入的了解。

【实践设计】

1. 活动准备。

首先，在课堂教学开始前，让学生课下阅读下列文献资料：

（1）杨耕、吴向东：《社会主义核心价值观：理论与方法》，四川人民出版社，2017年。

（2）徐伟新：《社会主义核心价值观研究》，中共中央党校出版社，2016年。

（3）最高人民法院中国特色社会主义法治理论研究中心编写：《法治中国——学习习近平总书记关于法治的重要论述》（第二版），人民法院出版社，2017年。

（4）中国法学会：《深化全面依法治国的重大理论与方略：第十二届中国法学家论坛获奖论文集》，中国法制出版社，2018年。

其次，提出在阅读相关文献时应关注几个问题：法哲学基本内涵的形成和发展，法哲学的基本属性与功能作用等。

最后，给学生简单讲解一下相关文献。

2. 活动组织。

时间：4 课时

地点：教室

完成课堂教学后，先召开读书报告会，互相交流心得体会；然后教师点评，引领学生对问题做进一步思索，达成对理论的更深层面解读。

【实践成果】

读书报告会结束后，每位学生撰写一份读书报告，字数要求在 2000 字以上。

【实践评价】

本次实践成绩的评定，主要依据以下几个方面的情况：

1. 文献准备和阅读情况。文献准备详实、阅读认真为优秀；文献准备比较充分、阅读较认真为良好；文献准备不充分为合格；没有准备为不合格。

2. 心得体会交流时的情况。能够积极参与、踊跃发言且观点清晰为优秀；参与比较积极、发言比较踊跃、观点比较清楚为良好；能够参与发言，但态度不够端正为合格；不参与发言为不合格。

3. 读书报告完成情况。提交的读书报告分析深刻、有理有据、能够理论联系实际为优秀；读书报告分析比较深刻、观点比较充分为良好；读书报告比较马虎为合格；没有读书报告或者非常马虎、草草了事为不合格。

【思考问题】

1. 谈谈你对法治内涵的认识，它与法制有什么区别与联系？

2. 我国社会主义法治的基本要求是什么？

3. 在我国法治建设实践中为什么要坚持依法治国和以德治国相结合？二者应达到怎样的平衡？

【参考资料】

舒小庆：《以法治推动社会主义核心价值观建设》，《学习时报》，2017 年 12 月 13 日。

主题三　专家讲堂：关于社会主义法哲学价值观的探讨

【实践形式】

专家讲堂

【实践目标】

本环节的实践活动通过邀请专家学者对社会主义法哲学观的理论内涵、价值理念等问题进行专题讲座，帮助学生更加明晰中西法哲学基本价值理念的关系，了解它们之间的联系与区别。

【实践设计】

1. 活动准备。

（1）邀请专家并确认讲座题目。

（2）提前告知学生讲座题目，要求学生阅读参考资料《习近平谈依法治国》，以及相关经典文献和历史资料，整理好问题，做好相关准备工作。

（3）通知学生讲座的时间、地点，并安排好入场顺序和就座事宜。

2. 活动组织。

（1）教师主持并动员学生认真听讲，做好记录，积极准备发言。

（2）专家讲座。

（3）学生提问，与专家进行互动。

（4）教师总结发言。

【实践成果】

专家讲座结束后，每位学生上交一篇心得体会报告，要求学生独立思考完成，有自己的观点及论据阐述，字数在 2000 字以上。

【实践评价】

本次实践成绩的评定标准主要依据以下几个方面的情况：

1. 文献准备和阅读情况。文献准备详实、阅读认真为优秀；文献准备比较充分、阅读较认真为良好；文献准备不充分为合格；没有准备为不合格。

2. 专家讲座时的情况。能够积极参与、踊跃提问和发言且观点清晰为优秀；参与比较积极、提问和发言比较踊跃、观点比较清楚为良好；能够参与讲座，但态度不够端正为合格；不参与讲座为不合格。

3. 心得体会报告完成情况。提交的心得体会报告分析深刻、有理有据、能够理论联系实际为优秀；心得体会报告分析比较深刻、观点比较充分为良好；心得体会报告比较马虎为合格；没有心得体会报告或者非常马虎、草草了事为不合格。

【思考问题】

1. 社会主义法哲学观与西方法哲学观在价值理念上有何异同？
2. 考察各法哲学流派的基本价值理念，对我国法治建设有什么借鉴意义？
3. 在我国实现社会主义法治需要进行哪些方面的改革？

【参考资料】

李贞、雷龚鸣、夏子傑整理：《习近平谈依法治国》，《人民日报（海外版）》，2016 年 8 月 1 日。

第四节　精选案例

案例一：加利福尼亚大学董事诉巴基案

加利福尼亚大学戴维斯分校医学院在 20 世纪 70 年代出台了一项入学录取政策，该政策在 100 个入学名额中，为特定的少数族裔学生，如黑人、亚裔人、印第安人等，预留了 16 个席位。巴基是一名白人男性，在 1973 年和 1974 年，他连续两年申请加州大学戴维斯分校医学院都被拒绝。这时他发现，在被使用预留名额录取的少数族裔的学生中，有些人的"医学院入学考试"（Medical College Admission Test，MCAT）成绩"明显的低于"他自己的成绩，遂将加州大学告上法庭。初审法院认为该医学院的入学政策违反了联邦宪法和州宪法。加州大学和巴基同时上诉至联邦最高法院。

此案一出，立即在美国掀起了关于肯定性行动是否公平的讨论。支持者认为，这是对少数族裔群体在过去遭受的不公正待遇的一种补偿。因为在美国发展历史上曾有一段相当不光彩的历史，黑人等少数族裔在长时间内不能进入公立学校、不享有公民权利和政治权利、不能进入主流社会。给少数族裔在受教育等问题上特殊优惠的政策，可以使他们学成之后返回自己的社区，为自己的族裔服务，并为自己族裔的年轻人树立榜样。此外，以特殊政策将少数族裔学生吸收进入校园，可以使校园文化变得更加多元，并增进各民族之间的沟通与理解。总之，此举是对过去不公平的弥补，还可以促进社会更全面的公平。反对者认为，肯定性行动给少数族裔提供优惠本身就违反了机会均等，他们把这种行动称为逆向歧视——对白人的新的歧视。一些少数族裔的学生，比如亚裔学生，在美国的中学里是成绩最好的学生，根本不需要特殊的优惠。他们称这种肯定性行动在试图弥补过去的不公平时又造成了新的不公平。

联邦最高法院九位大法官在此问题上也是意见不一，先形成了4比4的局面，鲍威尔大法官（Justice Powell）出面打破了僵局。在他做出的判决中，首先依据学术自由等原因肯定了医学院肯定性行动的正当性，但他认为预留一定比例的名额的做法是错误的，违反了美国联邦宪法第14修正案，同时据此判决巴基有权入学。

【案例讨论】 论述"肯定性行动"和"逆向歧视"的内涵，分析正义和平等的关系。

【案例点评】 联邦最高法院九位大法官对此案意见不一，先形成了4比4的局面，鲍威尔大法官（Justice Powell）出面打破了僵局，最终以5比4一票之差对巴基案做出了一个在美国宪政史上非常罕见的双重判决。由鲍威尔大法官主持宣读的判决书包括两个部分：第一部分判决加州大学设立的录取定额制度违法，加州大学医学院必须录取巴基；第二部分判决加州大学有权实行一些使学生来源和校园学术环境多元化的特殊政策，在录取新生时可以把种族作为一个因素来考虑，但不能把种族作为唯一因素。

该案判决的背后当然有几百年来的种族主义因素，也侧面地支持了政府提倡的"肯定性政策"（为了切实保护黑人、少数族裔及女性所采取的一种措施），但更有一种追求实质正义的意味在其中。从严格意义的法律角度看，"肯定性行动"政策是一项"不平等"的政策。文中提到人类社会的平等可分为三种：起点平等、规则平等和结果平等。历史证明，实现真正意义上的起点平等和结果平等都是不可能的，唯一可以做到的只能是规则平等，而"肯定性行动"政策却对竞赛场上规则平等的原则进行了修改。它的实行在一定历史条件下是有着积极作用的，但当白人不再占人口多数以及欧洲文化不再成为占据绝对优势地位的主流文化之时，"肯定性行动"政策也必将不消自灭，最终实现真正的公平正义。

案例二：马德"卖官鬻爵案"

马德受贿卖官案被称为中华人民共和国成立以来查处的最大卖官案，牵涉原国土资源部部长田凤山、黑龙江省原政协主席韩桂芝等众多高官。整个黑龙江绥化市所辖的一区三市六县中，包括 50 多个单位的"一把手"共 260 多名干部涉案。55 岁的马德曾历任黑龙江省海林县副县长、县长、县委书记，牡丹江市副市长，省电子工业局副局长，绥化行署专员，2000 年 2 月任绥化市委书记。在马德那里，小到乡镇党委书记、乡镇长，大到县委书记、县长，以及各市、县、区内局委办各部门的一二把手，每个位置都有"价格"。法院一审认定马德受贿 17 起，其中 12 起"卖官"，担任要职 6 年间共收受贿赂 603 余万元。2005 年 7 月 28 日，黑龙江省绥化市原市委书记马德因犯受贿罪一审被北京市第二中级人民法院判处死刑，缓期 2 年执行。

【案例讨论】 论述社会主义核心价值观与法治的关系，讨论制约权力的规范性路径。

【案例点评】 "自由、平等、公正、法治"，是社会主义核心价值观中社会层面的价值取向，体现了建构现代社会的价值方向。社会由一定生产关系和社会关系构成，是国家与公民的联系介质，既承载社会成员的行为能力，又奠定了国家治理的行为基础。因此，社会的价值取向，既影响国家的价值目标，又影响个人的价值行为。社会健康有序，人民才能幸福、国家才有希望。

　　法治作为社会主义核心价值观的主要内容之一，在社会主义理论体系领域和实践系统地位的极大提高，是中国共产党对社会主义理论的重大修正与发展。这表明传统政治意识形态的内容发生改变，权力话语权终将被抑遏，而法律、权利话语权即将应运而生。要想构建社会主义法治意识形态，必然要理解和运用社会主义核心价值观中的法治。在中国社会转型过程中，要想大力弘扬社会主义核心价值观，保障社会主义核心价值观的常态化，必须要推进法治建设，坚持以法治思维来治理国家、社会与个人。

第四章

自由和平等的价值理念

要想使国家稳固，就应该使两极尽可能地接近；既不许有豪富，也不许有赤贫。 这两个天然分不开的等级，对于公共幸福同样是致命的；一个会产生暴政的拥护者，而另一个则会产生暴君。 他们之间永远是在进行着一场公共自由的交易：一个是购买自由，另一个是出卖自由。

——［法］ 孟德斯鸠 《论法的精神》

说到自由，我相信没有人不喜欢，谁愿意做一头被圈养的猪而拒绝做一只自由翱翔的雄鹰？尽管前者 "衣食无忧" 而后者忙碌不休。 任何反对自由的人其实都只是反对他人的自由，追求自己的自由，帝王强制他的臣民服从的目的就是达到他自己自由的最大化。

——周永坤 《法理学》

第一节 自由的正义观

一、 自由的群体性遵循

世界无不在发展和互相联系之中，自由和正义亦是如此。厘定价值理念，前提则是将价值界定在一个符合理性判断的并符合人性判断的度量的范围内，将价值限定在符合人性预期和大众意识的框架之内，则正义与自由的影响便披上了积极的外衣，此为下文所讨论的价值。理性之下，也就是说这是将自利与利他心理放置于社区或者是集体之下的权衡利弊，在此做出的选择，既不是单纯的利己心理作祟之下的单方考虑，也不是全部奉献下的个别要求，其结论往往以符合大众化的选择来判断，则此理性之下的考虑便有广泛的受众及通行实用的基础。自由首先需要一个明晰的范围限定来控制其所包含的范围与所向，自由并不含有本身所带有的哲学性倾向，对于自由的理性判断并不是必然沿着大众合理预期的方向发展，因此自由的个体性差异和社会性之下的遵循则不在同一个轨道上，将个体自由和整体自由进行不同的区分则显得较为重要。自由赋予自然人对于所想所欲的事去实施并完成自己目标的非责难性，绝对的自由将自由的外延无限延伸，将人的思维变为可预见的现实。随性之下，所想即所为，此为自由之属性，个体下的自由是不受约束的自由。正如我们所见，个性的绝对自由崇尚的是个体利益的绝对优先，对于个体的有机生命体，这是天性使然，但是人的社会性才是人的本质属性，绝对自由下的自由是无秩序的自由，也是自由的自我禁锢。社会性之下，需要界定的前提则是思想领域的无边际和物质领域下的有限性，自由的群体性遵循是始于此，社会性之下，单个个体的活动无法维系社会整体的运行和相关联的秩序，自由于群体意义上的价值则显得更为突出，在群体性的社交活动下，自由则具有了现实意义上的价值和最大化的效益。

二、 正义化的自由衡量标准

自由涉及群体化进程下的价值衡量，正义作为群体可接受的标准已然成为重要一环，此正义非阳春白雪化的个体化差异性评价，而是在去除极端化的结论之后群体理性评判下的可接受标准。理性不同于良心，理性是在利益平衡下，人基于自己的需求所做出的认知和选择，有别于传统道德的自私心与利他心。理性判断下的正义绝不是强权之下对于弱者的怜悯，而在于将其溯回本源，在利益平衡下的认知选择与物质现实下的选择是否相融，此为正义是广义概念而非适用于个人的绝对自由的原因。正义一直被视为法律追求的最高目标，这也是法律作为一种工具所具有的特殊作用。正义在西方有着相当长的探索经历，从古希腊开始，对于正义一直尝试着各种定性化的解释，而正义的内涵也在不断的变化之中，从古希腊的城邦正义开始，公共利益对正义的标准有着较重大的影响。很多思想家都提出过正义的分类，例如分配的正义和矫正的正义。"分配的正义表现在荣誉、财务以及合法公民人人有份的东西的分配之中。"① 不仅仅是均等分配，更是按照一定的合理比例从而使得物尽其用和与人对等进行的分配，这种分配是在于社会资源的所有问题上进行的，而矫正的正义则是指在交往中人们发生相互侵害利益时剥夺不正当获利者的利益，弥补受损害者的损失，恢复侵害者与受损者之间的利益的均等。② 矫正的平等需要依靠手段工具来实现，那么裁判的法律则是其手段，从而将正义的实现与追求和法进行了紧密的捆绑。弥补损失作为主要目的，同样也是民法侵权责任的一般原则而为现行法所贯彻落实。对于正义的另一种分类，则是实质正义与程序正义的区分，实质正义偏向于结果的正义，对于一件事物将其分配或者是恢复到按比例所应拥有的状态之下；程序的正义则意味着在分配或恢复的过程之中，其使用的步骤或者工具是否可为必要且适当，将这一评判标准是否应用于证明正义本身，这是一个解释学循环下的问题。程序正义是过程中的正义，将程序正义和实体正义进行区分也是对于亚里士多德观点的不同演绎，分配的正义侧重于实质正义，其内涵相互交叉，而矫正的正义则是对实质正义和程序正义两者均有所要求。

---

① ［古希腊］亚里士多德：《尼各马可伦理学》，苗力田译，中国社会科学出版社，1990 年，第 92 页。
② ［古希腊］亚里士多德：《尼各马可伦理学》，苗力田译，中国社会科学出版社，1990 年，第 95 页。

对于儒家传统思想熏陶下的中国，于历史的长河之中，也是将正义作为历来的思想文艺和社会稳定的重要需求，而在此过程之中，却也难免将正义与礼制相互渗透和混淆，正义的标准随着"仁"和"礼"的演进而不断地对大众的认知有着持久而深刻的影响。"普天之下，莫非王土；率土之滨，莫非王臣"的观念之下，虽然看似将所有的资源都归于一人所有，但是也是对于一定范围内的所有权及其移转纳入了保护的范围之内。正义的观念虽也是将范围之内所有的资源维护在相对稳定的状态之下，但是因为礼制的关系及原因而往往使得在分配时便有所偏颇，并且在矫正的过程中受到其他相关因素的影响，从而使得本该所有的利益，无论是生命利益还是财产利益无法回归其原先所有的状态。随着历史的发展总是对自由有着新的认识，而对于自由的评价和衡量标准，正义则是重要的一环。孤立而静止地看待正义自由和下文所提及的平等都不是哲学视角下的边界，静态分析往往和动态联系密不可分。以正义作为衡量自由的标准，则是将自由的价值理念和正义的评价标准发生动态影响的效果。

三、 法与自由

自由的群体化遵循使得其控制工具与调节工具有了普遍通用的基础，而基于对法的哲理性的思考，是寻找一种可以维持个人分配所得而又体现群体意识的束缚手段，从而使得个体在此范围内可以贯彻落实自己的意志，此为非绝对化的个人自由的所在，也是给予公正标准之下的自由所应具有的方式。事物的发展需要有其独特的丈量手段，没有量尺的事物将会使自己的内涵无法进行一定范围的量化从而陷入不可知的状态之中，即使是哲学化的思考也需要有其边界，而规制其边界的量尺尤为重要。那么法作为自由的手段和方法，也在起着量尺的作用，也在丈量和限制着自由的边界，自由的正当性决定着法的丈量作用有着一个合乎逻辑的适当性。当其限制缩小使得其正当的追求和目标被排除在外，那么正当性的自由将会对法的效果产生不利的影响；当其边界划分是把非正当性的内涵划入其中，则这段量尺的长度会被缩短。事物发展总会达到其所应有的状态，即使现实的因素之下会让其围绕着理论下的直线上下浮动，自由则是中心线。作为基准的自由其所应有的正当性就是自由的基础，自由的正当性来源于人性，现代意义上的自然人是由原始社会到奴隶制社会到封建社会再到现代意义上的民主社会下的，已拥有自主能动意识且身体不依附于其他个体的独立人格。独立人格的外在表现是拥有自主决定物质改造行为的能力和资格。在黑格尔看来，"法的基地一般来说是精神的东西，它的确定地位和出发点是意志。意志是自由的，所以自由构成法的实体和规定性"①。其结论则为"一般来说，法就是作为理念的自由"②。由此可以推出，人有随着意志自由而来的正当性"权利"，而体现这些的标准就是法。对于自由与法的论述，约翰·斯图尔特·密尔认为完全个人自由和充分的个性发展不仅是个人幸福所系，而且是社会进步的主要因素之一。密尔认为这是"不阻碍人的本性"的，不仅发挥出来其意义之所在，并且其影响也将在很长一段时间内都不会消逝。其功利主义的色彩较为浓厚，"所谓意志自由，不是这个与那被误称为哲学必然性的教义不幸相反的东西。这里所要讨论的乃是公民自由或社会自由，也就是要探讨社会所能和法适用于个人的权利的性质和限度"③。"唯一实称其名的自由，乃是按照我们自己的道路去追求我们自己好处的自由，只要我们不是试图剥夺他人的这种自由，不试图阻碍他们去的这种自由的努力。"④ 并且，自由原则要求的重自由倾向，同样也将一个人不要自由的要求驳回，并将其视为对于自由的不尊重。将法社会学的社会效果考量的方法引入同样也是对于法只能在超出并影响他人自由权益的情况之下才可以加以限制，也将其量尺作用加以证明。

四、 正义标准的引入

自由不仅是法的价值核心，正义同样作为自由的权衡标准，其价值理念也必将与自由的内涵相互交叉并互相影响，自由是动静结合的自由，正义观表明自由的边界应当体现出对其他个体利益的高度尊重，一般地说来"自由意志的定在，就叫做法"⑤，法将自由的量尺作用发挥无疑，明晰自由边界也保障最大化的自由，正义观成为自由的评价和证明标准。保障自由和维持正义不是相互独立的，两者结合之下，以人趋利避害之本性，自由倾向于支配和开发，并且以静态下的已有权益控制力为基础，而正义是将其权益的所有与转移进行理性化的评估，自

---

① ［德］黑格尔：《法哲学原理》，范扬、张企泰译，商务印书馆，1961 年，第 10 页。
② ［德］黑格尔：《法哲学原理》，范扬、张企泰译，商务印书馆，1961 年，第 35 页。
③ ［英］密尔：《论自由》，程崇华译，商务印书馆，1982 年，第 3 页。
④ ［英］密尔：《论自由》，程崇华译，商务印书馆，1982 年，第 13 页。
⑤ ［德］黑格尔：《法哲学原理》，范扬、张企泰译，商务印书馆，1961 年，第 36 页。

由和正义也均是法的追求目标，并且在法的价值理念中有着绝对的先导性和基础性，这是群体利益和个体利益的相互冲突相互作用下的可得群体性共鸣的价值理念和指导思路。理念既是一种观点，也带有着浓厚的规范化的色彩，正义即是这样，并且其还是可以实现的自由的目标，而自由的标准又是对于符合正义标准下的利益的维护和扩充，因此正义与自由，其原生性的指导理念又有着相互包含的特征，对于具像化了的法而言，二者皆是不可或缺的目标又是内在化的规范性准则。不能孤立地看待法所带来的影响，自由和正义同样包含着对于人权的具体化和调整，而正义化的自由之下，又可以对于个体之间的关系建立一种稳固而有规则的格局，此为秩序，且秩序对人权又有独特的影响，处在动态关联之中。于法所束缚的是个人之间的物质实在，这决定了意志自由的边际，对于实现正义权衡下的自由，法的多方性而非其工具性决定了法的另一重要价值理念，而这，即下文所要阐述的平等的价值观。

第二节　平等的价值观

应该说，尽管从价值的角度来阐述法的正义问题是一个很好的思路，但是不同于正义至上的观点，平等应该作为一个相对独立的价值元素来对待，不能简单地将其作为解释正义或自由的工具而论。价值观是基于人的一定的思维感官之上做出的认知、理解、判断或抉择，也就是人认定事物、辨定是非的一种思维或取向，从而体现出人、事、物一定的价值或作用；在阶级社会中，不同阶级有不同的价值观念。任何一种思想在没有被绝对的否认之前，这种思想所形成的视角、背景、判断及它所述说的意义，都会有着一定程度的客观价值所在，这种思想的价值在于它所被认可的程度和意义，就是人对于这种思想的理解感知，这是人性思维里最简单、也是最真实的评定所在，这也就是评定一种思想是否伟大，这种思想是否可以成为价值观的由来。而平等的价值观是对于平等及其相关理念的重要性和现实意义的综合性的总评价。

一、 平等的界定

平等不是一个僵化固定的传统概念，而是随着时代的变化不断变化的动态价值，平等具有历史性，不同的历史源流导致平等的内涵没有绝对的普世性。古代中国的平等观念在礼制的影响下更多地体现在等级观念和严守意识，在礼制已将人分为三六九等的大背景之下，平等的意识往往是在同一等级内部的小范围遵循。对于此平等的重视同样侧重于对于该等级观念的遵守和维护，而非现今的"法律面前人人平等"意识的觉醒。往往维护秩序的思想所占比重过大，对于平等本身的思考则是附属品并且无法得到足够的发展。并且，考虑平等的内涵的时候，对于具体对象的清晰区分是现代平等观念与历史平等观念的重要区别。在封建时代，对于权利的损失并没有直接地将其框定在性质相同的损益框架之下，将人身权益和财产权益放在同一评价框架之下就会导致在债务人无法偿还债务的时候，往往会直接用人身权益进行替代，将财产权益和人身权益放在平等的评价体系下会导致对于私权的保护无法得到长足的发展。即使不在私利救济之下，公权力的刑罚体系之中也有着将简单的民事责任课以刑事处罚的规定，平等在此情况下则表现为对于不同的权益之间的平等性，而不是完全的等价性，这是平等价值在于具体适用对象的体现，而这一点往往容易被忽视。对于以人为主体的平等观，同样需要对于其权益进行平等化的对待，避免对于主体的侧重而将不同的权利进行了等量化的替换，权益之间的平等位阶也将是主体的平等的必要保证，以不同个体为出发点的平等观无法将微观视角之下的权益位阶包含在内，但平等的内涵则要求将其囊括其中。平等对于不同个体的具体要求并不能做到完全统一，而平等理念或者原则要求"同等情况同等对待"，同时也要求"不同情况按比例的差别对待"。平等有时意味着完全等同即均等，有时意味着差别平等。平等并不否认差别对待的正当性，甚至它本身也要求差别。只是它所要求的是差别必须是合理的、按比例的，否则就构成歧视。现代的平等总是与反歧视、反特权、反奴役联系在一起的。[①]

---

① 孙国华，朱景文：《法理学》，中国人民大学出版社，第 66 页。

二、　平等的分类

本文以下所指的平等皆是从不同个体的视角出发，对于平等的内涵，较为传统的分类则是形式上的平等和实质上的平等。形式上的平等，首先体现在权利的平等，权利的平等之下带来的则是法律地位的平等。正如《世界人权宣言》第一条的规定："人人生而自由，在尊严和权利上一律平等。他们富有理性和良心，并应以兄弟关系的精神对待。"权利平等是与机会平等、规则平等作为形式上的平等，都是处于同一层次的概念。正如美国法学家博登海默所说："法律对于基本权利的承认，有可能只是提供了行使这些权利的一种形式机会，而非实际机会。"① 这种形式上的机会平等也就是罗尔斯所说的地位和职务"平等地向所有人开放"。它不考虑每个人的特定条件，也不考虑社会的偶然因素，只要求对参与竞争合作的人们设定同样的程序，使他们站在同一起跑线上，遵循同样的游戏规则。实质上的平等，直接体现则是资源的平等及能力的平等。实质上的平等偏重于对于个人利益的均衡和实际社会效果，并且将法社会学的分析工具加入进来。将资源平等的考量与正义分类下的亚里士多德关于分配的正义所做的阐述相互联系，如前文所述，可以推出，分配的正义之中已经将完全量化均等的分配排除，那么对于符合理性的评判之下的资源分配，则该比例实际实现则是实质平等的核心内容，实质上的平等意味着利益的实现，即不同个体的真实持有，并且该种要求可以适配现代社会所讲究的按照能力分配以实现效率的最大化。总体收益需要个体的成本叠加，对于不同个体的资源分配的差异同样与不同个体的实际能力相关，从而使得实质上的平等不可避免地引入能力平等的考量。能力的考量是一个多维度的综合思考，不仅包括客观的机体能力，同时也包括人的主观条件的平等，阿马蒂亚·森认为合适的"空间既不是效用（如福利主义者所声称的），也不是基本物品（如罗尔斯所要求的），而应该是一个人选择有理由珍视的生活的实质自由——即可行能力"②。一个人的能力是一系列能力构成的，不仅仅包括机体的健康等基本的能力，同时对于社交能力和受人尊敬的程度也有所要求。这种理论的分类也是将个体间的差异降到最小的积极举措，而其与分配上的平等

① ［美］E. 博登海默：《法理学——法律哲学与法律方法》，邓正来译，中国政法大学出版社，1999 年。
② ［印］阿马蒂亚·森：《以自由看待发展》，邓正来译，中国政法大学出版社，1999 年。

虽然有所交叉，但并非完全一致，分配上的平等更加倾向于一种状态的保持和恢复，而能力的平等则是倾向于变化的动态过程，两者的平衡之下组成了实质上的平等，而又与形式上的平等相互影响，共同作用。

另一种分类不同于形式上与实质上的分类逻辑，而将平等分为政治平等、经济平等、社会平等。人民享有平等的政治地位和权利，可以参政、议政、选举等。政治的平等不仅赋予了公民在法律框架下的政治权利，包括选举权和被选举权等一系列的权利，并且也扩大了公民在社会生活之中的附随性权利，政治上的平等是现代社会民主意识下的产物，也是自由的重要体现。经济平等是将经济因素这一大类量化为不同个体之间的生产交换关系的平等，不同于原始社会之下的绝对平均的分配平等观念，经济平等更强调人与人之间的交换关系的平等性而非交换物本身的平等性。同时，社会平等则是在整个社会学的视角之下，将不同个体能力的差异及经济的失衡纳入一个由社会整体位置共同承担的保障体系之下，正是国家作为目前最高的组织形式所具有的特殊功能。

三、 平等的重要性及意义

正如前文所述的自由与正义并不是独立的静止形态一般，平等同样也处于动态影响之中。当代美国伦理学家约翰·罗尔斯所倡导的社会正义包括自由和平等这两个具体价值内容。罗尔斯的社会正义由两个基本原则构成。

（1）每个人都将具有这样一种平等权利，即和其他人的同样自由相并存的最广泛的基本自由；（2）社会和经济的不平等将被安排，使人们能够合理地期望它对每个人都有利，并使他们依附的地位与公职对所有的人都开放。上述两个原则中，第一个原则优先于第二个原则。[①] 这也说明平等是正义的重要内容，正义的具体内容包含着对于平等的贯彻，平等的原则不仅在分配的平等上有所体现，对于矫正的正义同样起着程序性的重要作用，矫正的正义目的在于恢复侵害者与受损者之间的利益的均等。状态的变化需要程序的支持和引导，而程序的效益无疑取决于相称的两方是否以理性为遵循所得出的结果，当不平等的两方无法处于同一位阶之时，必然倾向于其中的一方，从而使得矫正的正义无法实现其分配的正义这一归宿和起点。

————————————————

① ［美］罗尔斯：《正义论》，何怀宏，等译，中国社会科学出版社，1988 年，第 57 页。

不同于罗尔斯的观点，本文并未将自由和平等作为正义概念下的具体内容进行论述，形式上的平等偏向于程序性的手段，将规则和主体进行了平等化，从而使得在不同个体的碰撞之中得到符合理性的输出效益。

从经济学的角度来说，效率可以表达为三层涵义：一是指单位时间里实际完成的工作量；二是指产出与投入之比；三是指对有限资源的最佳分配和组织。形式上的平等对于效率的提高有着明显的促进作用，更加高效的调节体系将会使得利益的矫正更加的迅速，同时对于符合正义标准的分配持有状态有着制度上的保障，实质上的平等则是对于分配的正义的另一种演绎。平等的重要性不仅仅在于其不可或缺性，也是对于自由正义等其他价值理念的相互作用力，而这是其意义所在。以自由为例，人之所以要获得自由，是因为从思想上考虑到人是平等的，不能平等对待的社会无人人自由的基础。平等亦被看作是自由的逻辑前提，二者缺一不可，在争取个人自由的斗争之中，重要目标就是争取法律面前的人人平等。① 因此，在要求社会具有正义、自由、平等等属性，并企图通过法律来实现这种理想状态之时，法律本身也要具有这些属性，有能够将其控制在动态平衡之中的能力，平等则是实现控制力的关键一环。

四、 法与平等

法律面前人人平等被确立为现代法制的基本原则，平等原则渗透进入社会生活的各个方面，平等的价值观不仅包括平等本身对于社会属性的人的思想灌输，也是借助于法律这一调节器实现实际利益的分配的平等及资格的平等，从而将人的自由和正义付诸实践。平等的正义诉求并不仅仅依靠法律这单一的调节工具，现代的民主制度对于平等的理解有着更深层次的递进，但是，法作为基于公共意识产生的规制手段，没有它的支持，平等诉求更容易被误解或者歪曲的解释。平等的诉求是站在整个社会性的群体视角下进行的解读，这就需要与之相匹配的工具进而发挥其预期的效用，相较于其他的手段，法的基本特性例如规范性、国家强制性等可以将平等理念的贯彻力度维持在一个富有弹性而不至于过度僵化的范围之内，对于自由和正义等其他价值理念也会有着缓冲作用而不至于引起相互之间的冲突锐化。形式上的平等是社会主义法制和资本主义法制的一项基本原则，

① 董鸣：《以自由与平等为视角论法的价值》，载《法学研究》2006 年第 12 期。

相较于以往对于实质上平等的实际倾向，程序等非实体结果的重要性已经逐渐凸显出来，两者相辅相成才能达到效率的最大化。在实际社会地位、实际生活水平等方面的实质平等，是个体对于社会所得的满足程度的评判标准。同时，程序上的平等亦是个体寻求利益平衡的基础保证，因此在社会演进的过程中，在以人为本的理念为指导的前提之下，平等的价值观既是综合全面的，也是随着人的自由而全面的发展而动态更新的。

第三节　法哲学实践课堂

主题一　专题研讨会：平等和正义的价值理念

【实践形式】
专题研讨会

【实践目标】
通过本次研讨会，使学生在学习自由的正义观和平等的价值观之基本内涵的基础上，重点探讨到底何谓平等的价值理念，究竟应该怎样理解、认识平等和正义的价值理念。要使学生了解自由的正义观、平等的价值观，并明确自由和平等的价值理念。

【实践设计】
1．活动准备。
首先，学生进行自由分组，8人左右为一组，每组选出一名组长、一名代表及一名记录员。
其次，明确提出研讨会的主题和学生要思考的问题：自由和平等的价值理念是什么？平等和正义的价值理念在"法哲学"这门课程中的作用是什么？
最后，让学生带着问题来阅读参考资料《平等是正义的表现》及其他相关文献，规定阅读完成的时间范围，明确阅读的具体要求，并引导每组学生做好材料收集和相关文献的阅读。

2. 活动组织。

时间：2 课时

地点：教室

在本组组长的主持下，小组成员发表各自的看法，由记录员对每位同学的观点进行记录总结，由代表对本小组的观点予以表述。最后，教师进行点评，引领学生对问题做进一步思索，达成对理论的更深层面解读。

【实践成果】

研讨会结束后，每位学生撰写一份研讨会的总结报告，字数要求在 1000 字以上。

【实践评价】

本次实践成绩的评定，主要依据以下几个方面的情况：

1. 材料准备情况。材料准备详实、充分为优秀；材料准备比较充分为良好；材料准备不充分为合格；没有准备为不合格。

2. 小组组长的协调能力。能够促使组员积极参与、踊跃发言且观点清晰为优秀；参与比较积极、发言比较踊跃、观点比较清楚为良好；能够参与发言，但态度不够端正为合格；不参与发言为不合格。

3. 记录员的记录情况。记录员清晰、简练记载每位组员观点，并且最后总结报告分析深刻、有理有据、能够理论联系实际为优秀；记录员记录了每位组员的观点，总结报告分析比较深刻、观点比较充分为良好；记录员记录不清，总结报告比较马虎为合格；没有总结报告或者非常马虎、草草了事为不合格。

4. 代表的表述情况。代表能够观点清晰明了并且全面地表述了自己组员的观点为优秀；代表全面表述了组员的观点，观点不够清晰为合格；代表表述时遗漏了组员的观点，并且观点不清、模糊为不合格。

【思考问题】

1. 法哲学史上对平等的认识经历了怎样的发展？应怎样理解平等价值理念的内涵？

2. 为什么说平等是正义的核心？

3. 坚持平等的价值理念对实现正义有何重要作用？

4. 如何在立法和司法中贯彻平等的价值理念以促进正义的实现？

【参考资料】

段忠桥：《平等是正义的表现——读恩格斯的〈反杜林论〉》，《哲学研究》，2018 年第 4 期。

主题二　读书报告会

【实践形式】

读书报告会

【实践目标】

通过本次研讨会，使学生在学习自由的正义观和平等的价值观之基本内涵的基础上，重点探讨到底何谓自由价值理念，究竟应该怎样理解、认识自由的价值理念。要使学生了解自由的正义观、平等的价值观，并明确自由和平等的价值理念。

【实践设计】

1. 活动准备。

首先，在课堂教学开始前，让学生课下阅读下列文献资料：

（1）阿巴拉斯特：《西方自由主义的兴衰》，曹海军等译，吉林人民出版社，2004 年。

（2）米瑟斯：《自由繁荣的国度》，韩光明等译，中国社会科学出版社，1994 年。

（3）许庆朴：《马克思主义原著选读》，高等教育出版社，1999 年。

其次，提出在阅读相关文献时应关注几个问题：法哲学基本内涵的形成和发展，法哲学的基本属性与功能作用等。

最后，给学生简单讲解一下相关文献。

2. 活动组织。

时间：4 课时

地点：教室

完成第三节的课堂教学后，先召开读书报告会，互相交流心得体会，然后教师点评，引领学生对问题做进一步思索，达成对理论的更深层面解读。

【实践成果】

读书报告会结束后，每位学生撰写一份读书报告，字数要求在 2000 字以上。

【实践评价】

本次实践成绩的评定，主要依据以下几个方面的情况：

1. 文献准备和阅读情况。文献准备详实、阅读认真为优秀；文献准备比较充分、阅读较认真为良好；文献准备不充分为合格；没有准备为不合格。

2. 心得体会交流时的情况。能够积极参与、踊跃发言且观点清晰为优秀；参与比较积极、发言比较踊跃、观点比较清楚为良好；能够参与发言，但态度不够端正为合格；不参与发言为不合格。

3. 读书报告完成情况。提交的读书报告分析深刻、有理有据、能够理论联系实际为优秀；读书报告分析比较深刻，观点比较充分为良好；读书报告比较马虎为合格；没有读书报告或者非常马虎，草草了事为不合格。

【思考问题】

1. 法哲学史上对自由的认识经历了怎样的发展？

2. 怎样理解自由的正义观？

3. 如何理解法律自由？

4. 自由与法律的相互关系是怎样的？

5. 如何理解"法律是自由的实现形式"？法律应该如何体现自由、实现自由？

【参考资料】

王凤才：《作为社会分析的正义论——霍耐特对〈法哲学原理〉的诠释与重构》，《复旦学报（社会科学版）》，2016 年第 6 期。

主题三　专家讲堂：关于正义与法律的大讨论

【实践形式】

专家讲堂

【实践目标】

本环节的实践活动通过邀请专家学者对自由与平等概念的演进历史、认识内涵、理论视域等问题进行专题讲座，帮助学生更加明晰自由、平等以及正义之间的关系，了解它们之间的联系与区别。

【实践设计】

1. 活动准备。

（1）邀请并确认进行讲座的专家及讲座题目。

（2）提前告知学生讲座题目，要求学生阅读参考资料《马克思对自由主义价值观的批判及当代意义》及相关经典文献和历史资料，整理好问题，做好相关准备工作。

（3）通知学生讲座的时间、地点，并安排好入场顺序和就座事宜。

2. 活动组织。

（1）教师主持并动员学生认真听讲，做好记录，积极准备发言。

（2）专家讲座。

（3）学生提问，与专家进行互动。

（4）教师总结发言。

【实践成果】

专家讲座结束后，每位学生上交一篇心得体会报告，要求学生独立思考完成，有自己的观点及论据阐述，字数在 2000 字以上。

【实践评价】

本次实践成绩的评定标准主要依据以下几个方面的情况：

1. 文献准备和阅读情况。文献准备详实、阅读认真为优秀；文献准备比较充分、阅读较认真为良好；文献准备不充分为合格；没有准备为不合格。

2. 专家讲座时的情况。能够积极参与、踊跃提问和发言且观点清晰为优秀；参与比较积极、提问和发言比较踊跃、观点比较清晰为良好；能够参与讲座，但态度不够端正为合格；不参与讲座为不合格。

3. 心得体会报告完成情况。提交的心得体会报告分析深刻、有理有据、能够理论联系实际为优秀；心得体会报告分析比较深刻、观点比较充分为良好；心得体会报告比较马虎为合格；没有心得体会报告或者非常马虎、草草了事为不合格。

【思考问题】

1. 结合正义、自由、平等及相关概念的演进历史，谈谈应怎样认识和理解法的价值体系？法的核心价值是什么？

2. 在法的价值体系内，正义、自由、平等等价值之间的关系是什么？

3. 如何理解法的价值冲突？如何在冲突中寻求平衡？

【参考资料】

吴向东：《马克思对自由主义价值观的批判及当代意义》，《世界哲学》，2018 年第 1 期。

第四节　精选案例

案例一：布朗请求黑人与白人孩子同校案

案件来自于堪萨斯州、北卡罗来纳州、弗吉尼亚州和德拉威尔州。在这些案例中，黑人孩子向法院请求与白人孩子一同进入公立学校读书，反对种族分离。按照这些州的法律，他们不能与白人孩子同校。

在初审判决中，在大多数低级法院的判决中，法院都拒绝了原告的请求，依据是最高法院在普勒斯案宣布的所谓"分离但平等"的原则。

原告反驳说，公立学校实行种族分离不是"公平的"，也不可能是"公平的"，它剥夺了黑人孩子受法律平等保护的权利。1952 年就出现了这样的争议，现在，争议再次发生，它们大多围绕如何运用1868 年的第十四修正案而起。争议涉及了国会对该修正案的顾虑、各州对它的认可、实际存在的种族歧视、支持者和反对者的种种意见等。这些争论和调查表明，虽然它们给了人们一定的启示，但还是不足以解决所面临的问题。事实上，问题根本没有得到解决。战后修正案的积极支持者认为，毫无疑问所有"出生在美国或加入美国国籍的人"在法律上没有任何区别。反对者当然对修正案的文字和精神都持敌对态度，从而希望修正案的实施受到限制。

终审判决认为堪萨斯州、北卡罗来纳州、弗吉尼亚州和德拉威尔州等各州的分离教育法违反宪法。

反对黑人白人孩子分校的问题从修正案（1868 年）以来长期得不到解决，其原因在于当时公立学校的实际状况。那时候，白人孩子大多数进私立学校接受教育，而黑人几乎没有机会接受任何教育，整个种族受教育程度较低。事实上，在一些州，法律禁止黑人接受教育。而如今，许多黑人在艺术、科学、商业和各专业领域都取得了杰出成就。确实，公立学校教育在美国北部发展得快一些，但修正案对北部各州的影响通常在州议会中也被忽略，而且公立教育的状况与现在也不一样：课程设置非常不成熟；在一些农村，不分年级同时上课的现象非常普遍；强制性义务教育也不为人知。因此，第十四修正案对公立教育几乎没有任何改善。

最高法院在首次引用第十四修正案对有关案例进行诠释的时候，就禁止各州对黑人实行种族歧视。"分离但平等"的原则直到1896 年普勒斯案中才出现，而且涉及的还不是教育，只是交通。到现在为止，最高法院有六个涉及公立教育领域的案例引用了"分离但平等"的原则，在库敏案和贡伦案中，该原则本身的合法性并没有遭到质疑。有很多涉及研究院招生的案例依然有不平等的现象存在：白人学生可以得到一些特殊的好处，而具有同样资格的黑人学生却没有，如密苏里案、辛普尔案、司威特案、迈克劳伦案等。法院在对这些案例进行审理时都没有重新核查该原则，也没有准予黑人原告的请求。在司威特案中，最高法院对普勒斯案"分离但平等"的原则对公立教育是否适用的问题持保留态度。但是，最近这个问题又被直接提了出来。如今，与普勒斯案的时候不同，黑人和白人学校的很多方面，如数学课程教师的资历和薪水及其他的"有形"因素都是同等的或正在趋向同等。因此，我们的判决不能仅仅基于黑人和白人学校的这些有形因素的简单比较，相反，必须考察分离教育本身对公立教育所产生的后果。

在考察这个问题时，我们不能把时钟拨回到 1868 年颁布修正案的时候，也不能退回到 1896 年普勒斯案的年代。我们必须在考虑到当代公立教育的充分发展和当代美国人生活现状的基础上来审视这个问题，只有这样才能决定是否公立教育领域的种族分离剥夺了原告的平等保护权利。教育是美国州和地方政府的重要职能之一，强制义务教育法及在教育上的大量花费证明人们已经充分认识到了教育对民主社会的重要性。教育是最基本的公共义务，甚至在军队服役也一样；教育也是当一个好公民的基础；教育还是一种重要的工具，它可以唤起孩子们对文化的热爱，为今后的职业培训做好充分准备，并且帮助他们适应环境。如果孩子失去了受教育的机会，他们就很难在今后的职场上获得成功。这样的机会是一种权利，所有人都应该拥有。

【案例讨论】 结合以上案例谈谈公立学校的种族分离教育——即使教学设备及其他一些"有形"因素是同等的——是否剥夺了少数民族接受平等教育的权利。

【案例点评】 我们认为是。在司威特案中，最高法院判决的依据大部分是那些"在客观现实中不能实际运用而只是在法学院学习中非常重要的东西"。因此，在迈克劳伦案中，最高法院再次对一些"无形的"因素加以考虑，如"学习能力、参与讨论及与其他学生交换意见的能力以及钻研专业技术的能力"等。而且仅仅由于种族的原因就把此孩子和同龄人区别开来，这必然使他们产生自己在社区里地位低下的感觉，由此而使他们的心灵蒙上不可弥补的阴影。堪萨斯州法院曾在法庭上表述了受教育机会的不公所产生的恶果。在这里，法院感到难以否决黑人原告的请求，认为："公立学校把白人孩子和有色人种孩子分离对有色人种孩子有非常有害的影响，当分离政策付诸法律的时候影响会更大。因为分离政策暗示了黑人群体是低劣种族，这种意识会影响黑人孩子的学习动力。分离政策还会阻碍黑人孩子接受教育，影响心智发展，并且剥夺了一些本可以在同校学习中得到的好处。"不管在普勒斯案的年代心理学上的知识发展到什么程度，以上观点都得到了现代心理权威的认同。因此，普勒斯案中任何与该观点相反的言语都应被否决。

终审法院因此得出结论，公立教育领域的"分离但平等"的原则已经站不住脚，分离教育的教学设备也不是完全同等的。其认为，原告及其他类似的、以分离教育的理由提出诉讼的人都被剥夺了受宪法平等保护的权利。没有必要再去讨论分离教育是否也侵犯了程序公正法。由于这些诉讼都是集体起诉，再加上判决的广泛应用性和当地环境的不同，要使判决公式化就存在很多复杂的问题。在审核中，适当的司法援助必须服从于一个基本的问题——公立学校的分离教育是否符合宪法。在此本院宣布分离教育不符合宪法平等保护条例。北卡罗来纳等各州的分离教育法违反宪法。

案例二：布兰伯格记者拒绝出庭作证案

布兰伯格是一名记者，曾经写过一系列报道，涉及他所暗查到的毒品事件。但他拒绝在州最高陪审团前作证，也拒绝指认他曾目睹拥有大麻和提炼大麻的人。潘帕斯是马萨诸塞州一名电视台记者，因报道"混乱的社会"，被允许在黑豹党的总部停留了几个小时，条件是他不能揭发任何情况。事实上他确实没有报道任何事。卡德威尔是纽约时报的一名记者，他曾在采访黑豹党领导后写过一些相关报道。但他拒绝在联邦最高陪审团前作证，也拒绝协助调查"大量可能出现的违法行为"，其中甚至包括暗杀总统。

初审判决中，初审法院指出，如果具有"压倒一切的国家利益"，并且"他的证据不能以其他方式呈交（只能以法庭作证的形式）"，就可以要求他们揭露一些机密的信息。但卡德威尔认为仅有"国家利益"这点理由是不够的，因而拒绝出庭，被判为藐视法庭。州法院维持了对布兰伯格和潘帕斯的判决。但这些记者认为，除非政府能够确证有关的这些犯罪信息不能从任何其他渠道获得，否则仅凭这些理由，不能要求他们履行出庭作证义务。

终审判决中，联邦最高法院终审判决维持原判。

【案例讨论】 要求记者在州或联邦最高法庭出席作证是否违反了第一修正案，侵害了言论和出版自由权？

【案例点评】 我们认为答案是否定的。根据美国宪法第一修正案，记者声称他们为了采集新闻，有必要不公开信息提供者或是不揭露某种事实。如果记者被迫对陪审团泄露了机密，会使信息提供者不再愿意提供有价值的信息。这样就会损害修正案保护的信息自由传播。

采集新闻是有权受到第一修正案的保护的。如果采集新闻得不到保护，那么出版的自由就失去了意义。但是这样的案件并没有涉及侵害集会和言论自由，也不包含对出版材料内容的处罚。出版社使用机密的信息并不会受到禁止和管制，也不存在要求出版社公开信息来源。

因而唯一的争论在于，记者是否有义务像其他公民一样，秘密回答最高陪审团关于犯罪调查的问题。宪法从未给予普通公民以特权，使他们可以拒绝向法庭透露其秘密得到的信息。尽管如此，却有人称记者可以拥有这种特权。即使记者有最大限度的权利，也不能使他们可以不履行他们的职责：出庭并回答有关犯罪的问题。陪审团进行调查的权力必须不受限制，这也是最高陪审团的传统角色。长期以来我们确立了这样一条原则："公众有权要求每个人提供证据"，除了那些受到宪法和普通法保护而拥有合法特权的人。这条原则一直适用于最高陪审团的审判程序。有人认为记者有法定的特权，但是联邦法律从来就没有规定过这种特权。

有人要求根据第一修正案，授予记者一项其他公民不能享有的特权。法庭拒绝了这个要求。记者应当像其他公民一样，在陪审团正当的审判过程中出庭作证。这个论断并不会威胁到记者与信息提供者之间的机密关系。只有当消息提供者本身涉嫌犯罪，或其掌握的信息与犯罪有关，陪审团才能要求记者或消息提供者准确证实犯罪情况。而目前没有证据表明，这类机密信息中的很大一部分是属于犯罪范围的。

在另外一些情况下，信息提供者本身不进行犯罪活动，但他们所掌握的情报表明有其他人在从事非法活动。新闻记者经常从这些人那里得到消息，但他们必须同意不公开提供者的名字和隐瞒些其他信息。有争论认为，强迫记者帮助陪审团进行犯罪调查，会阻碍信息的自由流通。这种说法是不合理的，也是没有证据的。然而，仍然不确定的是，记者被迫作证到怎样的频率和程度时，才会产生不良的影响，如果法庭强调在宪法和法律下记者有出庭作证的义务，就会明显地阻碍信息传播给公众。

禁止信息提供者秘密向记者揭露真相可能会产生后果，对这个后果的估计在很大程度上只是理论上的推测。要详细讨论这些信息提供者自身的观点是很困难的。尽管如此，也要考虑到有这样一种情况出现，即一些本身不牵涉犯罪的信息提供者，由于害怕被记者在调查中指认会拒绝向其提供信息。有人争辩说，从身份不明的提供者那里得到的消息更加有益于预防犯罪。法庭不同意这样的观点。

还有一种看法认为，如果法庭拒绝根据第一修正案给记者提供一定的特权，将会削弱出版社采集和散播信息的自由。但历史并没有证明这一点。从美国建国开始，宪法就没有保护信息提供者，但出版业一直在发展，并且现在已经发展很快。据说当前秘密的出版社数量增多，而出版社与官方之间却存在相互的不信任和紧张态势。最高陪审团对犯罪的审查，是履行政府的基本职能，保证公民的安全与权利。在这里，政府必须"提供令人信服的实质性证据，证明信息收集与国家利益有联系"。

这很明显，在铲除非法毒品交易，防止暗杀总统和暴力扰乱公民自由等方面存在重要的国家利益。因此，最高陪审团可以要求他们像其他人一样出庭作证，因为他们有可能提供有价值的信息，以帮助政府判断这些非法行为是否已经发生，以及如果发生了是否有足够的证据对其提起诉讼。

法庭不同意给予记者特权，这将会给法令的统一执行带来理论上和实际上的困难。有必要定义哪一类记者可以享有这种特权。传统理论认为出版自由就是仅仅有权像大的出版商一样，利用最新的照相排版方式出版一些小册子。几乎每个记者都可以肯定地宣称，他们促进了信息自由传播。他们信任秘密提供者的消息，当被迫出庭时，会为这些消息提供者保持沉默。

在每一个要求记者出庭的时候，法庭都会依据事实，做出合法的判断，以决定以哪种恰当的方式预先通知记者出庭。从联邦角度上看，国会有权决定是否有必要给予记者合法特权，是否有必要按其所认为的方式调整准则的范围，以及是否可以根据时间和经验的变化而重新调整标准。当然，给予州立法机关一定的自由权限也是有好处的。他们可以在第一修正案的范围里，修改他们自己的标准。此外，也有许多观点认为，出版社自行调控其传播机制可以避免受到困扰和实质性的伤害。

总体说来，新闻采集并没有失去美国宪法第一修正案的保护。官方如果不是为了实施某项法律，而是为了破坏记者与信息提供者的关系，而对出版社的行为进行干扰的话，则属于不正当的行为。美国最高法院认为，陪审团的审判必须在第一和第五修正案的范围内进行，因此维持原判。

第五章

权利和权力的价值理念

权利之要义是 "资格"。 说你对某物享有权利，是说你有资格享有它，如有资格投票、 接受老年抚恤金、 持有个人见解以及享受家庭隐私。 诚然，说权利就是资格，不过是换换字眼，但这种转换对于解释权利概念却大有裨益。

—— ［英］ A. J. M. 米尔恩 《人的权利与人的多样性》

一切有权力的人都容易滥用权力，它是万古不易的一条经验。 有权力的人们使用权力一直到遇到界限的地方才休止。 ……从事物的性质来说，要防止滥用权力，必须以权力约束权力。

—— ［法］ 孟德斯鸠 《论法的精神》

第一节　权利的概念

一、　权利在中国的起源与在中国的发展

在法理学中，权利是指一种最基本的权利，是法理学框架上的一个基本的法律概念，在大家学习法理学的过程中起着举足轻重的作用，它重要且复杂，不同的法学家在不同的时期对权利概念的界定也是不尽相同的。从我国的权利概念的起源来说，随着西学东渐，在 19 世纪，由西方传教士翻译的记载于西方政治法律书籍中的"权利"的概念也传到了中国大陆，由此大批中国进步的知识分子开始学习与接纳这个概念，为中国先进思想的传播与进步打下了坚实的基础，为中国走向法制的道路奠定了基石。

回过头来，我们来了解一下"权利"这一来源于西方的概念在西方的起源与发展的状况。权利在西方的起源与发展也是经历了一个漫长而又复杂的过程，我们现在能够对权利所做的界定都是权利经过漫长的发展之后的一个结果、一个成品而已。不可否认的是权利作为一种现象是属于人的权利，权利不能离开人类而独立存在，权利起源于人类的社会生活，是人类社会发展的一种成果。人类为了生存，人和人之间产生了联系，大家在一起共同生活，久而久之，比如涉及分配问题的时候，涉及利益问题的时候，这就埋下了权利这个概念的种子。人作为一种具有高级思想的生物，善于对自己生活中产生的新奇事物及关系进行总结与概括，由此以来权利概念的雏形就初步产生了，可以说个体的权利意识来源于本性。

如果说权利的产生是基于人的本性，那么这样说来在中国的封建社会就已经有权利出现了，但是我们认为封建社会的权利意识太过模糊，并不是现代意义上的权利的概念与形式。近代的中国社会通过西学东渐，逐步学习了西方文化。而关于权利的内涵，中国近代的知识分子并没有真正地了解西方权利观念的产生过程与真正意义，而是基于近代中国被"弱肉强食"几近灭亡而需要救亡、强国

的目的，抱着一种功利态度去学习西方的权利观。中国近代先进的知识分子在特定的背景下，从西方的政治法律制度出发来学习西方的权利的概念，正是因为如此，近代中国对于权利的认识是不完整的。因此我们有必要对权利的概念进行深入的了解。

二、 权利概念的内涵

我们认为很多法律概念产生于生活之中，产生于人与人之间的相处与摩擦，但是这种是最原始的法律概念的雏形，它需要人们进一步地发现这种现象的存在，同时需要进行归纳总结，这样才能形成法律意义上的概念。在中国的法学体系中，权利作为基本的法律概念，是不容我们忽视的，在当今社会，作为社会普遍关注的热点问题，关于权利的认知是必要的，对权利概念的探讨具有理论和实践的双重意义。本书认为权利的概念在某种意义上是一个和伦理观分不开的概念，我们可以从正义的角度来分析权利的概念，并而有理由认为权利要符合正义的要求。

1. 约瑟夫·拉兹对于权利这一概念的界定

首先，我们来了解一下西方当代主要的法学家之一约瑟夫·拉兹是如何界定权利的，他的理论主要可以概括为以利益为基础的权利本位观。作为当代著名的法学家之一，拉兹为中国法学界所熟知，拉兹突破了霍菲尔德、哈特对权利理论的一般分析，提出了自己对于权利概念的一般性解释，他的权利的概念理论不只适用于法律意义的权利，也适用于道德层面的权利，对于我们当代对于权利概念的认知与分析具有重要的意义，下面进行简要的阐述。

拉兹关于权利的概念的界定主要是从权利的定义为出发点来进行讨论的，这样的思路其实存在一定的风险。人都是有惰性的，往往会因为一件事物有了定义，而忽略了论证的过程，然后依据定义来界定"权利"，这样体现在定义中不重要的东西便容易被人们认为不再是权利，被排斥在权利之外。同时与此相对应的，另一种倾向性是，把体现在定义中的人和具有价值的东西都认为是权利，由此就会导致不能正确地界定权利应有的范围，也就体现不出来权利本身的特殊性。经过以上分析我们可以得出这样一个结论，在对权利下定义的时候必须要做到全面，权利的定义不仅要体现法律的属性，也要体现道德的属性，最好能够涵盖二者共同的本质，这样权利的概念才能在现实实践中更好地发挥作用。为此，拉兹把权利定义为："X 拥有一项权利，当且仅当 X 能够拥有各种权利，并且其他事情相等，X 的福祉（他的利益）的某一方面是使其他某个（些）人承担某项义务的充分理由。"

经过对拉兹关于权利的定义的分析我们不难发现，拉兹关于权利的概念中所包含的要素主要包括三个方面的内容。

第一，首先要具有一个权利主体，这个主体同时是需要具有权利能力的；第二，拉兹的权利概念中，权利是具有一个基础的，这个基础就是利益；第三，在关于权利和义务的关系的界定上，拉兹认为权利是义务的基础。

首先，拉兹关于权利主体的界定，他认为一个主体之所以能够拥有权利的一个大前提就是这个主体具有权利能力。我们认为所谓的权利能力，主要是指一个自然人或者法人能够独立地进行具有法律意义的行为，并且能够独立地承担由此产生的法律后果，承担由此产生的义务，只有这样才能够认为他具有法律意义上的权利，也就意味着他能够成为权利的主体。延伸开来，我们自然认为只有这种具有权利能力的法律意义上的个体才能够作为权利的主体，而我们生活中的那些不具有生命力的事物，以及没有独立思维能力与行动力的动物是不能够成为法律意义上的权利的主体的，这一点我们也可以参照民法关于行为人权利能力的规定。

其次，从拉兹关于权利的定义可以看出，拉兹的权利观是建立在利益的基础之上的。我们认为权利分为法律权利和道德权利，其实二者的区分对我们的探讨不具有实质性的意义，因为二者都是建立在利益的基础之上的。通过观察生活中权利的行使，我们不难发现，一项权利的行使一般意味着相对方承担某种法律上的或者是道德上的义务。放在法律上来说，也就是说权利主体的利益如果被法律所承认，这样法律使他享有的利益便是他人承担某种义务的依据，我们认为这个人拥有权利。

最后，拉兹关于权利与义务关系的论述主要是认为个体享有权利是他承担义务的基础，他认为权利和义务的关系不是一一对应关系，权利和义务之间是具有先后顺序的，具体说来如下。

第一，权利是义务的基础。从这个结论上我们很容易看出，如果一个个体拥有某项权利，这就意味着他拥有的这部分权利就是他承担某项义务的充分必要条件，也就是说某人一项权利的存在通常会导致其负有某种义务，这种义务是必然的，不以当事人的意志为转移。我们有理由认为权利是某个个体负有义务的理由，也就在一定程度上证明了主体所要负担的义务的合法正当性，因此权利是义务的基础。

第二，拉兹认为权利和义务之间不是绝对的一一相对应的关系。在现实中，一项权利，也可以对应很多的义务，我们可以举一个简单例子，每个人都享有人身安全的权利，但是这项权利的拥有并不能够也不要求必须能够保护每一个人都免受任何的伤害，而这项权利却对应着多项的义务，包括不能杀人，不能伤害他人等。与此同时，拉兹认为社会是不断变化发展的，伴随着社会环境的改变，权利也并非是一成不变的，是在不断变化发展的，所以权利应该是动态的。

第三，拉兹认为权利是优先于义务的。首先，一个人有可能知道某项权利的存在，也会知道它存在的理由，但有可能不知道谁由于该项权利而受到义务的约束，或者不知道义务具体的内容。其次，由于权利具有动态的特征，人们在社会环境变化之前不可能事先确定某项权利的含义及以该权利为基础的义务。因此权利是义务的基础，而且优先于义务。

2. 张文显关于权利这一概念的分析

张文显对于权利的界定主要是基于权利本位论。在权力范围的研究上，张文显相对于拉兹的区别在于，他认为在给权利下定义时，更注重的是法律上的权利，而不是道德的权利。他在给权利下定义时，专门在权利的定义中加了"法律"两个字，他指出，法律权利是指规定或隐含在法律规范中，实现于法律关系中的，主体以相对自由的作为或不作为的方式获得利益的一种手段。

权利其实是一个内涵极其丰富的概念，是不能够用一句话简单概括的，为了全面地了解权利的概念，从而对权利做出全面的认识，需要对权利的各个要素进行全面的分析，在全面综合地了解了权利的各个要素之后，才能够更好地给权利做出定义。根据张文显对权利的概念的阐述，我们可以看出他认为权利包含四个方面的要素：（1）法律规范，这主要是指权利是由规范性法律文件所规定的。（2）主体，主要是指能够享有权利的符合法律规定的自然人或法人。（3）自由，主要是指主体在意志自由的基础上自由地行使权利，并且免受一切非法干扰。（4）利益，主要是指主体通过权利的行使，而得以享有的或者维护的特定对象。

在权利与义务关系这一方面，作为法理学方面的理论学者，张文显把权利和义务的关系界定为以下几个方面：第一，权利和义务二者之间在结构上是具有相关关系的。"法"是由权利和义务二者之间相互对立的两个方面构成的，权利和义务之间相互对立统一，彼此依存，在一定程度上相互贯通，在特定的条件下可以相互转化，二者之间的微妙关系共同构成了法这一事物。第二，权利和义务在数量上具有等值关系。一个人享有一定的权利的时候，也必定意味着他要承担一定的义务。世界上不存在没有义务的权利，也不存在不享有权利而只是单方面承担义务的纯粹义务，二者之间在大致上是对等的。第三，权利和义务在功能上具有一定的互补关系。这种在功能上的互补关系共同保证社会的平稳与和谐，规范社会生活。在法理上我们称之为权利为人们的行为提供不确定的指引，义务为人们的行为提供确定的指引。第四，权利和义务在价值意义上是具有主次关系的。张文显认为权利是第一性的，是优先于义务的，义务存在的依据是权利。

上文简要分析了法学界的著名理论人物对于权利概念的理解，我们知道权利是一种天赋的权利，任何人都可以成为权利的主体，不能够有任何的歧视与差别对待。关于权利和义务的地位，或者说价值主次意义，也大都认为权利在一定程度上是优于义务的，权利是第一位的，义务是第二位的，应该更加关注一个人所享有的权利。权利的概念是法理学的基本概念，也是我们学习法律，学习法理学、法哲学过程中的基本概念，了解权利的基本概念是入门法学的基本环节，也是值得深入探讨的一种法学上的现象。

第二节　权力的理念

一、 权力基本含义与理论分析

我们所要讨论的权力主要是指法律意义上的权力，在涉及一个法律概念的含义的时候，我们需要去认识其背后隐藏的含义，以便更好地认识这一基本的法律概念。主要有三种理论上关于权力的本质的说法需要引起注意，第一种，何为权力的本质，我们认为是意志，权力的行使必然伴随着行使权力的人的意志的实现，不存在没有意志体现的权力行使；第二种，何为权力的本质，自由是权力的本质，权力的行使乃是享有权力的人自由地行使自己的权力，行使权力必然是自由的体现，权力的行使就是一种自由的状态；第三种，何为权力的本质，利益乃是权力的本质，权力人为什么要行使权力，乃是为了实现自己的某种利益，这也是一种"为己"的体现。以上三种说法虽然有不全面的地方，但却大致涵盖了权力应有的本质，值得我们借鉴与思考。

权力是一定社会中的公共机关或居于管理和统治地位的人以公共利益的名义合法地行使的强制性控制和支配力量，是人类社会存在和发展的基本维系力量。我们认为权力包括非国家形态的即现实生活中的公共权力，以及由国家来行使的国家权力两种形态。① 通常人们口中的权力指的应该是国家权力，也就是以国家作为主体行使的权力，通俗来讲就是国家对被统治阶级进行统治的过程的权力体现，以国家所特有的强制力作为保障实施。

我们认为权力的概念应该包括以下几个方面的基本要素。

第一，权力应该是一种力量。从字面含义来理解，权力在现实生活中应当是一种硬实力的体现，代表着能力、力量。权力的来源不同于权利的天赋性，不是与生俱来的，而是由一定的因素所决定的得以行使的一种权力。行使权力者之所以享有权力，在某些方面享有一定的优势，在社会中具有一定的支配地位。拿国家这个权力的享有者来说，国家在整个社会中处于统治地位，这主要体现在国家拥有固有的国家机器，例如监狱及军队等强制力量，这些就是其本身保障权力得以实施的强制力，以此来实现对被统治阶级的统治。

第二，权力是一种建立在公共力量之上的力量，它所代表的是社会公众的意志，它不以个人的意志为转移，以此来实现公共管理的职能。权力存在的一个很重要的职能是实现社会的公共管理。我们知道人生而平等，任何人都没有凌驾于其他人之上的特权，所以如果说个人作为行使权力的主体，则他必须是为了大家的即公共的利益来行使权力。所以说一般能够行使权力的主体应该是有组织的能够行使社会管理职能的公共机关，这些公共机关有完善的组织体系，同时他们的存在是经过公众授权成立的，为了保障整个社会的正常运转，一个共同体成员之间让渡出自己的部分权力成立公共机关，以此来代为行使权力，保障整个社会的和谐，维护公共利益。

第三，权力的行使是具有强制力的。这种强制力在来源上是合法的，享有权力的公共权力主体能够运用本身的强制力对其成员进行管理。以国家公共组织或者政府机关这些享有权力的主体来说，它们的权力是由人民赋予的，拥有其固有

---

① 董云虎：《论权力概念》，《学术园地》，2006 年第 2 期。

的合法性，以此来实现对公众的管理，维护社会公共利益。并且权力行使的背后是由强制力作为后盾的，比如国家的硬实力军队、国家的监狱及警务系统。而在行使权力的某些时候也需要牺牲个人的合法权利，遭受一定的损失，这也是个人利益在公共利益之前所做出的让步。当然不同权力的行使，其强制力表现形式以及强制力的强弱也是有区别的。

第四，权力所体现的是一种在社会政治关系上的不平衡性。现实中能够代为行使权力的只是少数人，因为毕竟权力是一种稀缺的资源，在通常情况下只有掌权者才能行使这种"特权"。但其实这种不平衡性不是与生俱来的，在原始社会中，人和人都处于一种平等的地位，而那些所谓的行使权力的人也只是一种组织体系上的领导和被领导的关系，也可以说是一种管理与被管理的关系，以此来维护社会的和谐与稳定。而在当今社会，国家各个方面都形成了完备的统一体，享有权力的公共组织或者国家机关处于力量上的绝对优势地位，拥有着类似军队及监狱等组织，能够很好地规范人民的行为从而行使自己的权力，权力的行使实际上是统治阶级实现统治的手段。

第五，权力的行使也是一种职责的履行，不能像权利的行使那样能够随意放弃。这就是权力行使的职责性与义务性，权力的享有不像权利的享有那样是与生俱来天赋的权利，而是基于一定的职务产生的。之所以行使这项权力，主要是为了实现某种公共利益，而不像权利的行使那样，主要是为了实现自我的利益价值。权力的行使也往往相伴着相应的责任。

二、 从各种不同的立场分析权力的理念价值

第一，权力的公法立场分析。权力的行使伴随着意志的贯彻，体现着一种支配和控制的力量，这属于一种社会力，是基于公共管理的目的而组建起来的力量。其实权力的行使从人类的产生就已经形成并存在了，但直到近代以来，对权力的研究才真正进入公众视野，成为大家关注的对象。近现代以来世界各地成立了很多新的国家，而国家的成立必然会将原本分散的各种民间团体和血缘宗族的力量集中到统一的国家机构之中，这样国家就成为拥有正当行使权力的权力所有者。近现代的政治国家，在进行制度设计的时候，基于政治统治的目的，首先从政治权力入手进行相对应的制度设计，来解决国家的政治统治权能，因此国家的公权力基本上处于一种垄断的地位，占据绝对的优势地位。权力在现代国家基本

上成为国家所专属的一种所处于垄断地位的权力，所以也可以称之为公共权力或者说是公权力，这种权力是一种领导与被领导的关系。[①] 按照马基雅维利的观点，政治家在考虑权力的时候，绝对不是为了某种宗教上或道德上的正义，而应当以国家实力的维持和增强为根本着眼点，马基雅维利对权力的直白论述同时也提醒了所有后来的政治学和法学学者，那就是当国家政治权力脱去宗教和道德的外衣后，赤裸裸的权力意志必须得到有效的规范和制约。权力也很容易滋生一系列的滥用与腐败，例如有很多本该属于大众属于人民的权力被行使权力的人当成了自己的私人财产据为己有，大肆谋取私利，权力成了谋取利益的一种工具。同时还表现为权力偏离了它应有的性质，成为一种类似于可以买卖、交换的商品，变成了人们手中可以进行权钱交易的工具。上文提到过，权力的行使不仅仅是一种权利，更多的是伴随着一种职责，不能够随意地抛弃，而现实中存在大量的玩忽职守，视权力为儿戏的权力行使者。这些现象已经偏离了权力本身应当具有的清廉与保障公众利益实现的初衷。为了保障权力不被滥用，为了维护公权力机关的形象，权力应当也必须在法律的规制范围之内，同时也应当有一套规制办法，以此来更好地行使权力，维护社会的公共利益。当权力失去了监督机制，还怎么能够保障自己的廉洁，因此应该加强建立相对应的监督机制，规定权力不规范行使的后果，更好地为社会服务。

第二，超越公法立场的权力类型。当跳脱公法条件下的权力模式来认识权力，我们认为它主要包括三种类型。首先，专属于国家的权力模式，也就是政治学模式，国家公共权力基本上处于垄断的地位，然后由国家来授权其他的权力主体行使权力。我们认为这种模式的理论基础主要在于一个共同体之内的人民，为了更好地生存，实现公众的公共利益，让渡出属于自己的部分权利，同时国家为了更好地实现对社会的管理，更好地实现其管理职能，维护好其统治，建立相应的完善的机关组织来集中地行使权力，这其实也是个人和国家达成的某种合意。其次，经济学模式下的权力。这种模式的着眼点主要在于政治上的生产力及生产关系，这两种政治学要素相互作用，产生一定的社会物质生产关系，这构成了社会的基础。由此权力的存在主要是为了维持生产关系，更好地促进社会发展。我们认为在这种模式下，权力不仅是资产阶级压迫和剥削无产阶级的手段，也是无产阶级反抗压迫、夺取政权和实现无产阶级专政的手段，简言之，权力是阶级斗

---

① 周尚君：《权力概念的法理重释》，《政法论丛》，2012 年第 10 期。

争的工具。①

第三，社会学模式下的权力。这种模式下的权力分析主要是基于基本的日常生活，从这一角度来看待权力，小到日常的知识、话语都充斥着各种各样的权力，权力属于我们任何一员。富人的财富，女人的美貌及学者的知识都是权力，这也证明了权力不应该被固化，权力存在于我们的日常生活中，无处不在，当然这种模式并没有否定像类似于国家这种权力的所有者，而是把权力细化到日常生活中，让每个人都感受到权力的真实存在，增加参与感。

第四，从具体的法律实践中认识权力。何为法律实践，被感知最多的法律实践应该就是司法的过程了，在现实中发生法律纠纷的时候，当事人通过法律途径来解决自己的问题，维护自己的合法权益，这时候司法工作人员就会运用自己的法律专业知识，通过相应的司法程序来解决当事人之间的纠纷，这种运用法律来解决具体的社会纠纷的过程是现实中的具体的法律实践过程。基于此我们可以通过对具体司法工作的程序的认识来了解权力的行使，在现实中，司法工作人员充当权力的行使者，这就需要对当今的司法审判有相应的了解。理想的裁判过程是司法工作人员严格依照法律的相关规定，并依法查明案件事实，依照法律的相关规定居中裁判，但是在具体的社会实践中，切实办好事和法律的硬性规定是相互冲突的，"调解"就是解决类似问题的一种可行的方式。在现实的司法实践过程中，法官往往会主动进行相关的调查取证，并且对证据的重视程度很高，在裁判的过程中也是小心地平衡法律规定与现实社会效应的协调统一，这样的过程其实也是权力的行使过程，是一种政治技术。法官在进行案件审理的时候也会受传统的父母官的思想影响，有时候不能严格地保证自己的中立立场，希望大家和和气气地解决问题；其次法官在大家的心中就是一个刚正不阿的形象，他们代表了社会的公平正义，代表着司法的权威，正因为此，他们可以代人民行使权力。法官在具体的司法实践中会对利弊进行权衡，同时也体现着大家对社会和谐的期许，希望通过其裁判来解决纠纷，实现社会和谐。这其实也正是在具体的法律实践中体现了权力的价值所在。如上所述，我们认为权力是一个共同体中的个人为了更好地维护自己的利益，让渡出自己的部分权利，交给国家或者某些公共组织来行使，以保护自己的利益，也即实现社会公共利益，社会模式下，我们以小见大地分析，正是体现了权力的本质与价值理念。

---

① 周尚君：《权力概念的法理重释》，《政法论丛》，2012 年第 10 期。

第三节　法哲学实践课堂

主题一　专题研讨会：权利与权力基本内涵专题研讨

【实践形式】

专题研讨会

【实践目标】

本环节的实践活动安排在第一节"权利的概念"及第二节"权力的理念"的课堂教学完成之后。通过本次研讨会，使学生在大体了解权力的理念与权利的概念的基础上，重点思考权利的概念究竟应该怎么样界定，如何全面地掌握权利概念的内涵。要使学生明确权力的概念问题，把握权力的理念，了解与权力相关的各种问题，深化对权利与权力的认识。

【实践设计】

1. 活动准备。

首先，将学生进行分组，5人左右一组。

其次，明确提出研讨会的主题和学生要思考的问题：权利和权力的内涵是什么？理解权利和权力的内涵意义何在？

最后，让学生带着问题阅读参考资料《法理学》及其他相关文献，规定阅读完成的时间，明确阅读的具体要求，并引导每组学生做好材料收集和相关文献的阅读。

2. 活动组织。

时间：2课时

地点：教室

各小组先展开讨论，讨论结束后，每组推荐1~2名代表发言；学生代表发言结束后，教师进行点评，引领学生对问题做进一步思索，达成对理论的更深层面解读。

【实践成果】

研讨会结束后，每位学生撰写一份研讨会的总结报告，字数要求在 2000 字以上。

【实践评价】

本次实践成绩的评定，主要依据以下几个方面的情况：

1. 材料准备情况。材料准备详实、充分为优秀；材料准备比较充分为良好；材料准备不充分为合格；没有准备为不合格。

2. 分组讨论和发言情况。能够积极参与、踊跃发言且观点清晰为优秀；参与比较积极、发言比较踊跃、观点比较清楚为良好；能够参与发言，但态度不够端正为合格；不参与发言为不合格。

3. 总结报告完成情况。提交的总结报告分析深刻、有理有据、能够理论联系实际为优秀；总结报告分析比较深刻、观点比较充分为良好；总结报告比较马虎为合格；没有总结报告或者非常马虎、草草了事为不合格。

【思考问题】

1. 如何认识和理解现代法律权利与法律权力概念的内涵与特征？

2. 权力与权利的区别是怎样的？

3. 怎样理解权利、义务的相互关系？

【参考资料】

漆多俊：《论权力》，《法学研究》，2001 年第 1 期。

主题二　读书报告会：关于权利和权力的探讨的学习体会

【实践形式】

读书报告会

【实践目标】

本环节的实践活动安排在第一节"权利的概念"及第二节"权力的理念"的课堂教学完成之后。通过本次读书报告会，使学生对权利及权力的发展史、对权利及权力的基本内涵、对权利及权力的关系形成自己的看法与理解，对权利及权力相关问题有一个更加深入的了解。

【实践设计】

1. 活动准备。

首先，在第二节的课堂教学开始前，让学生课下阅读下列文献资料：

(1) 优士丁尼：《法学阶梯》，徐国栋译，中国政法大学出版社，1999 年。

(2) 德沃金：《认真对待权利》，中国大百科全书出版社，2008 年。

(3) 洛克：《政府论》，中国政法大学出版社，2018 年。

(4) 文正邦：《法哲学研究》，中国人民大学出版社，2011 年。

其次，提出在阅读相关文献时应关注几个问题：法哲学中权利及权力基本内涵的形成和发展，权利及权力的基本属性与功能作用等。

最后，给学生简单讲解一下相关文献。

2. 活动组织。

时间：4 课时

地点：教室

完成第三节的课堂教学后，先召开读书报告会，互相交流心得体会；然后教师点评，引领学生对问题做进一步思索，达成对理论的更深层面解读。

【实践成果】

读书报告会结束后，每位学生撰写一份读书报告，字数要求在 2000 字以上。

【实践评价】

本次实践成绩的评定，主要依据以下几个方面的情况：

1. 文献准备和阅读情况。文献准备详实、阅读认真为优秀；文献准备比较充分、阅读较认真为良好；文献准备不充分为合格；没有准备为不合格。

2. 心得体会交流时的情况。能够积极参与、踊跃发言且观点清晰为优秀；参与比较积极、发言比较踊跃、观点比较清楚为良好；能够参与发言，但态度不够端正为合格；不参与发言为不合格。

3. 读书报告完成情况。提交的读书报告分析深刻、有理有据、能够理论联系实际为优秀；读书报告分析比较深刻、观点比较充分为良好；读书报告比较马虎为合格；没有读书报告或者非常马虎、草草了事为不合格。

【思考问题】

1. 权利的救济途径有哪些？

2. 现代权力与权利关系的应然状态是怎样的？

3. 在我国的法治实践中，如何构建权力制约的国家权力体系以保障公民权利？

4. 在我国的法治实践中，如何以社会权力和公民权利制约国家权力？

【参考资料】

晏辉：《从权力社会到政治社会：可能性及其限度》，《东北师大学报（哲学社会科学版）》，2019 年第 3 期。

杨健：《认真对待权利：权利救济的文明与方式》，《检察日报》，2019 年 3 月 16 日。

主题三 专家讲堂：关于权利与权力概念释义的大讨论

【实践形式】

专家讲堂

【实践目标】

本环节的实践活动通过邀请专家学者对中西法哲学中权利与权力概念的界定以及内涵分析等作讲解，同时分析权利和权力的联系与区别，使学生从真正意义上了解掌握权利及权力的相关知识。

【实践设计】

1. 活动准备

（1）邀请并确认进行讲座的专家及讲座题目。

（2）提前告知学生讲座题目，要求学生阅读参考资料《法理学》及相关经典文献和历史资料，整理好问题，做好相关准备工作。

（3）通知学生讲座的时间、地点，并安排好入场顺序和就座事宜。

2．活动组织

（1）教师主持并动员学生认真听讲，做好记录，积极准备发言。

（2）专家讲座。

（3）学生提问，与专家进行互动。

（4）教师总结发言。

【实践成果】

专家讲座结束后，每位学生上交一篇心得体会报告，要求学生独立思考完成，有自己的观点及论据阐述，字数在 2000 字以上。

【实践评价】

本次实践成绩的评定，主要依据以下几个方面的情况：

1．文献准备和阅读情况。文献准备详实、阅读认真为优秀；文献准备比较充分、阅读较认真为良好；文献准备不充分为合格；没有准备为不合格。

2．专家讲座时的情况。能够积极参与、踊跃提问和发言且观点清晰为优秀；参与比较积极、提问和发言比较踊跃、观点比较清楚为良好；能够参与讲座，但态度不够端正为合格；不参与讲座为不合格。

3．心得体会报告完成情况。提交的心得体会报告分析深刻、有理有据、能够理论联系实际为优秀；心得体会报告分析比较深刻、观点比较充分为良好；心得体会报告比较马虎为合格；没有心得体会报告或者非常马虎、草草了事为不合格。

【思考问题】

1．中西方法哲学对权利与权力的概念的界定经历了怎样的历史演变？

2．结合权利与权力的起源学说，分析权利和权力何者为本源。

3．如何理解权利的冲突？权利是否有位阶之分？如何解决权利的冲突问题？

【参考资料】

汪渊智：《理性思考公权力与私权利的关系》，《山西大学学报（哲学社会科学版）》，2006 年第 4 期。

第四节　精选案例

案例一：延安黄碟案

案情简介：2002 年 8 月 18 日晚 11 时许，延安市宝塔公安分局万花派出所民警称接群众举报，新婚夫妻张某夫妇在位于宝塔区万花山乡的一所诊所中播放黄碟。三名民警称从后面的窗子看到里面确实有人在放黄碟。即以看病为由敲门，住在前屋的张某父亲开门后，警察即直奔张某夫妻住屋，"一边掀被子，一边说，有人举报你们看黄碟，快将东西交出来"，并试图扣押收缴黄碟和 VCD 机、电视机，张某阻挡，双方发生争执，张某抢起一根木棍将警察的手打伤。警察随之将其制服，并将张某带回派出所留置，同时扣押收缴了黄碟、VCD 机和电视机。第二天，在家人向派出所交了 1000 元暂扣款后张某被放回。

10 月 21 日，即事发两个月以后，宝塔公安分局以涉嫌"妨碍公务"为由刑事拘留了张某。10 月 28 日，警方向检察机关提请逮捕张某；11 月 4 日，检察院以事实不清、证据不足为由退回补充侦查；11 月 5 日，张某被取保候审；11 月 6 日，张某在医院被诊断为"多处软组织挫伤（头、颈、两肩、双膝），并伴有精神障碍"；12 月 5 日，宝塔公安分局决定撤销此案；12 月 31 日，张某夫妇及其律师与宝塔公安分局达成补偿协议，协议规定：宝塔公安分局一次性补偿张某29137 元；宝塔公安分局有关领导向张某夫妇赔礼道歉；处分有关责任人。

分析参考：本案发生后，媒体及学术界进行了广泛的讨论。其中的主流观点认为，这是一个典型的公民个人私权和国家公共权力之间的冲突的案例，主张警察无权干预个人隐私。也有个别学者撰文质疑和批评了上述观点，并从社群主义、女权主义等视角论证了本案中警方介入的正当性，从而形成了新的理论争议点。

【案例讨论】　讨论张某夫妇在家看黄碟的行为是否违法。分析执法人员的执法程序是否侵犯张某夫妇的权利。

【案例点评】 在民主与法治的社会中，公民住宅不受侵犯是公民的一项重要权利，正像一句西谚所言，"Every man's house is his castle"（各人的家就是他的堡垒）。主人尽可以在其"堡垒"中从事各种无害于他人的活动；而对于公权力而言，则坚持权力制约，坚持法未授权即禁止的原则，主张权力应该服务于权利，反对官本位，权（力）本位。本案中无论张某夫妇在家看黄碟的行为是否触及了他人的"鼻尖"，任何没有执法权的人都无权私闯他们的堡垒而对他们执法，因为法律之治更强调的就是程序之治；即使是警察进入他们的住宅，也不能毫无法律根据地扣押电视机、影碟机等物品。更不能在被媒体曝光以后，恼羞成怒，像个别警察说的，"不信就治不了他"，而将治安案件上升为刑事案件，以彰显权力的威严，从而在错误的道路上越走越远。法是有局限性的，法对社会生活的"涵盖性和适应性不可避免地存在一定的限度"，法对私权利亦是如此。那么，在现实生活中，对"法律既未明文授权，也未明文禁止"的"非法定"个人权利或行为应如何进行法律评价呢？笔者认为，对于公民这部分私权利，首先坚持"权利本位"；其次确定一个原则，也就是从法治的角度给私权利进行定位；再次用该确定的原则分析、评价和判断公民的具体行为。

对私权利的界定应当遵循这样一个法治原则："对于私权利，法无禁止皆权利，法无禁止不得罚。"这条原则既符合我国现阶段的特点，又体现了"权利本位"观，有效维护了法治充分保障人权的原则。

公民权利的行使需要借助法律的保障和确认，但并非只有法律明确规定的才是公民的权利，也并不是只有法律明确肯定的行为才是合法的，只要法律没有明确的禁止，就应当认为公民的行为是合法的，不应受到法律的制裁。公民在家中看"黄碟"，根据相关法律规定应认定为是合法性行为，是公民生活的一部分。公民的私生活是公民的隐私权，是私权利，具有独立性和自主性。公民对自己的私生活有拒绝介入权，有权保持自己的独立生活空间，公民个人对自己的私生活有权依据自己的价值评价标准去选择，只要公民个人的行为没有损害社会或他人的利益和权利，他的权利的行使就是合法。合法的行为公权力就不应该无正当理由介入，即使是对其本人有害的行为，也应由其自己负责，国家不能轻易干预，必须是该私人行为的社会意义和社会危害达到一定程度时，公权力才能介入。公权力的行使应给公民个人生活以尊严，而不应成为障碍，否则就会毁灭个人幸福，使个人丧失个性和尊重。

案例二：重庆最牛钉子户案

重庆钉子户事件真正进入公众的视野始于 2007 年 3 月初网上各大论坛流行的"史上最牛的钉子户"的帖子。此后，通过记者的调查报道和渲染，钉子户事件的全貌得以展现在人们面前。

事件所涉房屋地址为重庆杨家坪鹤兴路 17 号。杨家坪鹤兴路片区地处九龙坡区商业核心地段，紧邻杨家坪步行商业区和轻轨杨家坪站，有住宅 204 户、非住宅 77 户。住宅户全部为非成套住宅，无厨无厕，无天然气和下排系统，其中有 159 户面积不足 35 平方米，最小的不足 8 平方米。该片区 80% 的房屋系 20 世纪 40、50 年代前修建，多数为穿透夹墙等简易结构建筑，年久失修，危旧破烂。经专业技术部门鉴定，72.2% 的建筑系危房，并多次发生火灾和垮塌事故，近 10 多年来被市、区两级列为消防安全、房屋安全重点监控及整改片区，安全隐患极为严重。同时，该地段是连接步行商业区内外的重要通道，人、车流量较大，在未实施拆迁以前，人行道路狭窄且破损严重，最窄处不足 1 米，导致交通拥堵。广大群众急切盼望对该片区实施改造。市、区人大代表、政协委员也多次呼吁政府加大力度，为消除该片区安全隐患、确保人民群众的人身和财产安全、提升杨家坪中心区域城市形象，早日对鹤兴路进行彻底改造。

按照杨家坪步行商业区城市建设总体规划，2004 年，重庆智润置业有限公司与重庆南隆房地产开发有限公司以联建的方式启动了对该片区的改造，开发建设"正升——百老汇广场"项目。该项目原国土批准用地面积为 2.35 万余平方米，其中实施杨家坪环道、大件路、轻轨、公交换乘站等市政设施建设用地约 1 万平方米，办公、商用、住宅综合建设用地为 1.3 万余平方米。该项目建成后，对提升城市形象、完善城市功能、繁荣杨家坪商圈具有十分重要的意义。

2004 年 8 月 31 日，开发商取得拆迁许可证，启动拆迁。此后经过开发商和被拆迁户协商，至 2006 年 8 月，该片区 281 户中有 280 户接受了安置补偿方案，同意拆迁。但 17 号房屋业主杨武与开发商虽经多次协商却未能达成一致意见。2007 年 1 月 11 日，开发商向重庆市九龙坡区房管局（以下简称房管局）申请行政裁决。当日，房管局即裁决被拆迁方在 15 日内自行搬迁并将房屋交由开发方拆除。但杨武并没有按该裁决书履行义务，房管局遂于 2007 年 2 月 1 日向九龙坡区人民法院（以下简称法院）提交了《先予强制执行申请书》，申请法院强制拆迁。法院受理该申请，于 3 月 19 日举行听证会后做出《重庆市九龙坡区人民法院非诉行政执行裁定书》，裁定杨武在 2007 年 3 月 22 日前履行房管局裁决书第三项所确定的义务，即自行搬迁并将房屋交付拆迁人拆迁，逾期不履行法院将依法强制执行。但杨武并没有履行该裁定，经法院多次组织协商仍未与开发商达成协议。3 月 30 日，法院发出执行公告：责令被执行人杨武在 4 月 10 日前自行搬迁，若到期仍不履行，法院将择期依法实施强制拆除。

4 月 2 日下午，在九龙坡区委负责人进行相应工作的前提下，开发商和被拆迁人杨武的代理人吴苹在九龙坡法院的主持下，最终达成异地产权调换安置的和解协议：杨武位于鹤兴路片区 17 号的房屋按照评估价价值为 247 万余元，此外开发商还得补偿杨武房屋装修费 10 万元、搬家费 2 万元和屋内设备费 2222 元，总计近 260 万元；由于开发商提供的位于沙坪坝区的异地安置房价值为 306 万余元，故杨武需补足 46 万余元的结构价差。同时，双方还就因断水断电断交通给杨武造成的营业损失达成了赔偿协议，杨武获得 90 万元赔偿。协议达成的当天下午，杨武从开发商专门制作的梯子走下"孤岛"，当天晚上 10 点 36 分"孤岛"在机器的轰鸣声中颓然倒塌，至此旷日持久的拆迁矛盾终于化解，备受关注的重庆钉子户事件以和解的方式成功解决。

【案例讨论】 讨论"钉子户"是否有不搬的权利，现用的拆迁方式是怎么发展而来的。

【案例点评】 关于此案，开发商合法取得了土地的使用权，它的权利也受损，就应该拆迁。因为这涉及权利滥用。执法者以后会更强调私权利的保护，贯彻尊重私权利；在实践中进行思考，促使一些司法解释进一步制定。

我国目前的拆迁和土地征收征用制度，是以《城市房屋拆迁管理条例》（以下简称《条例》）和《中华人民共和国土地管理法》为基础，包括一些地方法规与行政规章。"征收征用带有行政强制色彩，不是平等主体关系，而是一种命令和服从。"尹田说。《条例》曾一度规定："对于拆迁决定，被征用拆迁房屋的所有人或使用人只能服从，不得拖延。"这规定是之后强制拆迁规定的源头。

第六章

公正和秩序的价值理念

正义是社会制度的首要德性，正像真理是思想体系的首要德性一样。一种理论，无论它多么精致和简洁，只要它不真实，就必须加以拒绝或修正；同样，某些法律和制度，不管它们如何有效率和安排有序，只要它们不正义，就必须加以改造或废除。

—— ［美］约翰·罗尔斯 《正义论》

首要问题不是自由，而是建立合法的公共秩序。人类可以无自由而有秩序，但不能无秩序而有自由。

—— ［美］塞缪尔·亨廷顿

第一节 公正的基本观念

一、 公正的基本内涵

公正有着古老的渊源，因此它的含义也非常丰富。在古希腊语中，它的写法为"Orthos"，一开始的意思是"置于直线上的物体"，但随着语义的拓展，它有了更深层次的内涵，即"真实的、公平的与正义的东西"。这是"公正"一词被发现的最早的起源。而在随后的发展中，中西方关于公正的标准与解释逐渐朝着不同的方向演变，

对于公正的含义，如果按照我国的解字法进行分析，可以将它分为"公"与"正"两个字。对于"公"，即公共的，共有的，倾向于群体，它与注重个人的"私"的含义相对。有时候，公和私是完全对立的，在两者产生矛盾的时候，只能择其一；而有时候，公并不能完全排除私的适用，两者可以共存。因此，公与私的关系不是永恒不变的，它会随着具体社会关系、社会情形的变化而改变，这就需要具体情况具体分析。在古代，"公"有平等、均等之义，即平均分配食物，这是一种狭隘的理解，受困于当时的社会生产力与人们的需求的矛盾，在现在看来，这只是一种理想化的境界，是不可能实现的。后来，"公"在平等、均等的基础上发展成为公平之义。因此，所谓"公"，就是更加注重群体利益的公共性与公平性。

对于"正"，它的古今之义没有太大的变化，都有着正确、公平、不偏斜的意思。因此，正字所表示的情形都含有一种光明磊落的意境，在物体处于中间位置时，我们用"正"来表示；对于一个人，如果人们认为他的道德品质符合大家心中公认的标准，也会用"正"来形容。因此，对于"正"这个字，无论是字的形体方面还是含义方面，都会使我们感受到一种来自心底的敬意，也可以成为衡量社会生活中行为观念的一种标准。

"公"字与"正"字在含义上并不相似，它们各有各的侧重之处，而对于

"公正"这个词，它不仅包含公与正这两者单独的意思，且不仅仅是这两个字的简单结合，还具有更深层次的寓意。这种深层次的内涵在历史上的不同学者和不同学派都有自己的看法，他们有着独有的公正观念，体现出丰富的时代价值。

二、 西方的公正观念

公正在不同时代，不同社会情境下，其具体含义是不同的，具有明显的时代性差异，在不同时候有不一样的特征。

在西方历史上，公正问题早就成为被重视的问题，如苏格拉底、柏拉图、亚里士多德等人也对公正问题有着自己的见解。在苏格拉底看来，只要遵守道德，不违背道德，以道德良知作为自己行为的准则，就是行公正之事。柏拉图关于公正的观念体现在他的著作《理想国》中，是对苏格拉底公正思想的继承和发展，他认为公正在所有社会道德中处于最高的地位，是对一切美德的概括，社会上每个人的幸福生活都和公正息息相关，并且，他将公正分为内在的公正和外部的公正，即灵魂公正和城邦公正。灵魂公正与人类的内在品质联系在一起，是内在的部分；城邦公正指的是社会秩序的和谐与稳定，为外在的公正，只有这两者结合在一起，才能对公正做出全面的理解。亚里士多德也受到了这种公正观的影响，系统而又完整地论述了公正的本质，他的思想有着很大的历史意义，对西方社会产生了极大的影响。亚里士多德的公正观由三个部分组成，分别为自然公正、合法意义上的公正和衡平法，三者共同构成了国家或者城邦公正的三大支柱。并且，他将公正分为普遍公正和特殊公正两类，普遍公正就是合法性，而特殊公正又是由分配公正和矫正公正组成。分配公正是对社会资源和财富的一种公平意义上的分割，是一种正向的行为，而矫正公正就是对于社会生活中已经存在的一些不公平现象进行后期的处理和恢复，通过矫正措施使其恢复公平。前者主要是立法者来进行，为了在前期建立初始意义上的公正的社会秩序；而后者在大多数情况下交由法官来执行，比如在当事人之间的公平地位或者权利遭受侵害的时候，法官可以采取合法的措施消除这种现象，恢复司法的公正性。而占据社会公正的核心地位的一直是分配公正。亚里士多德的公正思想总体来说可以概括为："对同等者平等，对不同者不平等。"并且，他提出了比例原则，认为公正是一种比例，不公正就是与比例相违背，这是从社会秩序方面对公正的一种论述。

近代之后，埃尔维修等人认为法律是正义的一种前提，我们有必要从源头上做好立法的工作，让法律在维护社会正义方面起到积极的作用，并且协调好法律与公民之间的关系。伟大的无产阶级理论家马克思和恩格斯的公正观包含着极其丰富的价值意蕴，对现在乃至将来国家和社会的发展起到一种引领的作用，他们将追求公正、消灭不公正作为实现全人类解放的终极目标，是共产主义者最重要的使命。并且，他们将社会公正的实现与社会制度紧密联系在一起，认为只有彻底消灭私有制，发展生产力，加强道德和法律建设，才能最终实现社会公正。马克思公正思想的实质是实现人的自由而全面的发展，体现了丰富的人文精神，与当今的时代精神相一致，为和谐社会的发展提供了理念上的支撑。近代以来对公正思想论述较为透彻的思想家是美国的学者罗杰斯，在他看来，社会公正理论的核心是平等的自由原则和差异原则，所有的自由、机会、财富等，都应当被平等分配，除非有例外情况出现。①

西方的公正观产生于西方独特的社会与人文环境，因此他们对公正的论述与我国学者的思想观念会有不一致的地方，中西方的公正观因历史、地域、文化等的不同而有着不一样的内涵，我国的公正观在社会公正观念的发展中也存在着很大的影响。

三、 中国的公正观念

在我国历史上，各家各学人对于公正的理解见仁见智，儒家、道家、法家、墨家等的公正观念都有着各自的特点。在我国思想发展史上，儒家思想学说一直占据统治地位，推动了社会思想的发展进程，儒家思想中包含着丰富的内容，公正观念也在其中。儒家注重社会等级制度，致力于维护封建君主的统治，他们所谓的公正观念是建立在承认等级制度的基础上，并不是绝对的人人平等，君主有着较高的地位，只有维持这种尊卑的界限，遵守社会生活中的礼仪规范，才能实现社会公正，维持社会秩序的和谐。儒家公正观包含着孔子的"仁爱"、孟子的"舍生取义"等，最终形成了一个完整的体系，维持着封建社会秩序的稳定与和谐。墨家的核心思想是"兼爱"与"非攻"，他们认为只有兼相爱，既能爱人又要爱己才能最终实现社会的公正，这是一种理想化的社会公正理念。而道家讲求"无为而治"，在他们看来，一切需要以道德法则为准，要"无为"，但"无为"

---

① ［美］罗尔斯：《正义论》，何怀宏，等译，中国社会科学出版社，1988年，第182页。

并不是什么事情都不做，无所作为，而是要顺应自然界的规律，不要做出过多的干涉和影响，社会公正就是在这种"无为"的环境下产生的。法家重视法律，反对儒家的礼制，他们的主张与西方学者埃尔维修等人有类似之处，认为法律是人们应该遵守的最高行为准则，要严格依法办事，不能违背法律的规定，公正的社会秩序是在法律的贯彻下产生的。

先秦诸子百家的公正观带有不同的特色，虽然带有各自的局限性，但对后世公正观念与社会制度的建设产生了重要的影响。到了封建社会时期，在君主集权的统治下，公正需要以维护专制制度为基础。这种情况下，社会上不可避免地会出现很多不公正现象，百姓们为了追求自己所要求的公正，会采用一些暴力的方式去打破这种现状，就像在不同时期爆发的农民起义，大多数都是在受尽压迫之后，为了反抗这种社会制度，赢得自己应该有的公正而产生的。到了近代，随着西方人文思想的流入，资本主义萌芽的产生，人们越来越重视平等与公正的价值观念，公正的观念也渐渐普及，资产阶级中一些人开始追求真正人人平等的"大同社会"，这是一种绝对意义上的公正观，在当时的社会条件下，他们并没有意识到这是一个难以实现的美好理想，但在公正观念的发展历史上，其进步意义是不可被磨灭的。后来，以孙中山为代表的资产阶级革命派以"民族主义、民权主义、民生主义"的"三民主义"思想作为社会公正的核心思想观，也由于资产阶级的局限性最终没有继续下去。到了毛泽东时期，他在中西方公正思想的影响下，形成了传统与现代相结合的一种公正观，包括国家之间的独立平等以及人与人之间的互助和谐，他的公正观在之后的社会发展中得到了进一步的强化。

第二节　秩序的价值观

秩序在人类社会当中以其特有的确定性和一定程度上的可预见性为人能够合理地安排生活提供了必要的保障。哈耶克在《法律、立法与自由》中将秩序理解为是"这样一种事态，其间，无数且各种各样的要素之间的相互关系是极为密切的，所以我们可以从我们对整体中的某个空间部分或某个时间部分所做的了解中学会对其余部分做出正确的预期，或者至少是学会做出颇有希望被证明为正确的预期"①。而博登海默将秩序理解为"在自然进程和社会进程中都存在着某种程度的一致性、连续性和确定性"②。凯恩斯对秩序的规律性持有乐观的态度，认为除有特殊的形势改变了人们对未来的预测外，人们将根据设想中的情况而无休止地持续生活下去。③ 由此而言，只有在秩序之下人们才不至于陷入混乱无序的状态之中，才能够有规律地生活。

秩序的基本分类可分为自然秩序和社会秩序两种。自然秩序产生于自然领域，以一定的自然规律为表征，自然事物在自然领域中根据此种自然规律而运动、变化、发展。社会秩序产生于人的社会行为之中，体现了人在生产、生活、交往等过程中所遵循的具有规律性、再现性的行为特征。在社会秩序中，根据其在人类社会发挥作用的领域不同至少可分为四种：第一种，习俗秩序。习俗秩序是人类最先形成的社会秩序之一，其内容表现于人类社会自发形成的风俗习惯之中。第二种，道德秩序。道德秩序的出现意味着人类已经逐步脱离原始的蒙昧时期而向着能够区分是非善恶的、具有道德标准的时代发展。第三种，制度秩序。制度秩序也即以特定的规则、制度、规章等内容形成的一整套能够维持社会组织良好运行，协调复杂的社会分工的秩序。第四种，法律秩序。法律秩序实则就是以法律规范为内容的制度秩序，是从制度秩序发展而来的，较制度秩序而言具有更强的威慑力与稳定性，也更具有可预见性，是现代社会发展所主要依存的秩序。以上四种社会秩序在人类社会中并非是独立运作的，也不是交替发生的，而是共同作用的。

人类既具有自然性，也具有社会性。人类的社会性特征是人类区别于动物的一大重要特征，社会秩序也是人类赖以生存与发展的基本规则，对人类具有极为重要的意义。

首先，社会秩序的存在是人类生存的基础。人类通过劳动行为获取生存必要的生活资料，而孤立的个人难以维持长期的劳动，也就难以持久地维系生命。因

---

① ［英］弗里德利希·冯·哈耶克：《法律、立法与自由》（第一卷），邓正来，等译，中国大百科全书出版社，2000 年，第 54 页。

② ［美］E. 博登海默：《法理学——法律哲学与法律方法》，邓正来译，中国政法大学出版社，1999 年，第 219 页。

③ ［英］梅纳德·凯恩斯：《就业、利息与货币概论》，黄跃进译，中国社会出版社，2000 年，第 100 页。

而人与人之间的交往互动就必不可少。人类社会的集合并非是简单的人类个体数量的总和，而是由人与人之间相互发生联系的关系所交错形成的交互系统。此系统若想要稳固地发展就不能是无序的，否则人与人之间就会出于利益的争夺而产生冲突，甚至诉诸暴力征服，就此造成互相掠夺、弱肉强食的状态，社会状态就会成为霍布斯笔下"人人相互为敌"的战争状态。① 社会中人类个体的安全也就得不到保障。为此，社会秩序协调人们之间的合作与冲突，消除混乱、维护安全，维护社会井然有序地运行。博登海默认为人类在建立起社会组织或政治之后都曾力图控制社会可能产生的混乱现象并建立起一种符合人类生存目的的秩序形式。这种构建有序社会模式的努力是经由人类深思熟虑后才做出的，并且符合自然规律。②

其次，社会秩序的存在符合人类发展的需要。完全消除人类社会所产生的冲突是不可能的。没有冲突的社会将是个呆滞而逐渐趋向消亡的社会，③ 社会发展的关键就在于能够对社会冲突进行适当的调节。社会能够长期有效地保持相对的稳定与和谐，为人类发展创造了客观且必需的前提条件。

最后，社会秩序的存在能够为人类个体行为的可预测性提供依据。在社会秩序的安排调整下，人们的行为具有了一定的规律性，使得不同的人在相似的境况下所做出的行为也具有相似性。因此，人们便可以合理地预测在何种情况下可能产生何种后果，以及对自我和他人会形成怎样的影响。根据这种预测，每一个行为主体便可更合理地审视自己的行为目的，更有效地决定行为方式，以便获得对自己更为有利的行为后果及影响。对自我及他人行为的有效预测只有在有序的社会中才能够实现，社会秩序成为人类个体行为分析的规则依据。也只有在社会秩序的基础上，人们才能运用理性对自己的行为加以控制，个人才能与另外的个人在交往之中保持足够的安全感。

法律秩序是社会秩序中最重要的内容。法与秩序有着天然的关联性。当原始社会中的氏族规范无法继续维持社会的平稳运行而导致冲突与混乱频发时，法就接替了维护社会秩序与安全的使命，作为一种新型社会规范而产生。社会政治与

---

① ［英］霍布斯：《利维坦》，黎思复，等译，商务印书馆，2017 年，第 97 页。

② ［美］E. 博登海默：《法理学——法律哲学与法律方法》，邓正来译，中国政法大学出版社，1999 年，第 219 – 220 页。

③ ［英］彼得·斯坦，约翰·香德：《西方社会的法律价值》，王献平译，中国法制出版社，2004 年，第 38 页。

经济的发展需要以法所具有的规范性与强制力为依托，引导社会秩序向着和谐稳定的方向行进。

就法律秩序的含义而言，学者们的观点可归纳为三种。

第一种是在规范意义上将法律秩序看作法律制度。庞德即持有此类观点，庞德认为法律秩序就是法的一种含义，法律能够有组织地运用社会中的强力而协调人与人之间的关系并对人的行为进行安排。① 博登海默则认为秩序所指向的内容就是"法律秩序的形式结构"，是一种用以调整人类行为与处理人类事务所遵循的规则、原则等的法律倾向。② 法律秩序总体而言有着复杂的体系构成，由各个法律单元之间互相关联、互相协同而形成。

第二种是在实际意义上将法律秩序看作法运行的后果。赛德曼认为法律秩序是一种社会秩序，此种秩序的管理依据是由国家所制定的规则。③ 而雅维茨认为法律秩序是法律规范与制度在社会关系中加以运用并实际得到的结果，是法律运行的终点。法律秩序能够使得社会成员在最大程度上享有权利的同时也履行社会所要求的法律义务。④ 尚巴也是从实践层面来理解法律秩序的，认为法律秩序不是抽象的或止于法律条文上的内容，而是一种人类社会实际实现的具体行为。⑤ 在此类观点中，法律秩序与法律规则具有完全不同的含义，法律秩序被视为法律规则在实践中具体实现的结果。

第三种是在过程意义上将法律秩序看作法律平稳运行的过程。庞德一方面将法律秩序视为法律制度，在另一方面将法律秩序视为一种根据法律规则而进行行为调配的过程。⑥ 认为我们依据法律秩序来对事务加以考虑的倾向更多地体现为依据过程来对事务加以考虑，而不是依据既定的经验或规则来考虑的。⑦

在中国法理学理论中，针对法律秩序的一种界说是将其看作一项用以满足人在社会生活中所产生的需求的积极要素。另一种界说则将其作为一个中性词汇，

① ［美］庞德：《通过法律的社会控制》，沈宗灵译，商务印书馆，1984 年，第 97 页。

② ［美］博登海默：《法理学——法律哲学与法律方法》，邓正来译，中国政法大学出版社，1999年，第 219 页。

③ ［美］塞德曼：《法律秩序与社会改革》，时宜人译，中国政法大学出版社，1992 年，第 1 页。

④ ［苏］雅维茨：《法的一般理论——哲学和社会问题》，朱景文译，辽宁人民出版社，1986 年，第 203、204 页。

⑤ ［苏］P. M. 尚巴：《法律秩序与民主》，常纷译，《法学译丛》，1987 年第 4 期。

⑥ 于浩成，等：《中外法学原著选读》，群众出版社，1986 年，第 609 页。

⑦ 于浩成，等：《中外法学原著选读》，群众出版社，1986 年，第 608 页。

既存在积极的社会影响，也存在消极保守的社会影响，也正是由于法律秩序的中性特质，才使得对于良法的追求是现代法治社会的一个重要命题。①

法律秩序的一个显著特征是其具有实在性，以法律规则及法定制度为基础而运行的。与习俗秩序、道德秩序等其他社会秩序相比较而言，法律秩序更能够清晰明了地确定不同社会主体之间复杂的利益关系，因而更利于社会主体处理与解决因为社会交往而产生的诸多争议与其他问题。此外，法律秩序还具有现实性的特征，法律秩序中规定了不同社会主体享有的权利内容与应负的义务内容。人类社会的维持与发展不仅依靠人性本身所具有的良好品质，例如对情感的表达、对良善的追求，对公平的期待等，也依靠人与人之间利益的协调与合理分配。权利与义务的社会配置就体现了现实社会关系中的利益分配状态，现实社会的发展要求不能只偏重权利或只偏重义务，而是要将两者协调均衡。再者而言，法律秩序还具有一定的强制力特征。法律制度的运作要以国家强制力为制度保障，以国家提供的法庭、军队等一系列物质基础为依托对社会生活中的不法现象采取强制性措施。社会主体一旦违反了法律的要求，对他人、集体或国家的权益造成损害，或是不履行法律要求的义务，就会面临国家强制力的一系列制裁，包括行政处罚、刑事处罚等，最严重的后果是被依法剥夺生命。而这种强制力的实施并不要求被实施者接受或认可，这种能力是其他社会制度都不具备的。法律秩序甚至会对违反其他社会秩序的人进行强制性的惩罚，法律禁止私人之间以暴制暴的行为。最后，法律秩序也与其他社会秩序一样具有规则性、普遍性的特征，但是此种特征的表现状态较其他社会秩序而言更为激烈。所谓秩序，也就是与无序针锋相对的概念，法律秩序通过法律条文、司法判决等成文形式明确具体地表现出来，被社会大众所知悉与遵守，这与其他社会秩序的不成文性与不可见性有着明显的区别。

法律秩序的价值区分为制度价值与精神价值两个方面。就法律秩序的制度价值而言，首先体现为其能帮助社会状态长期处于和平之中而避免了无休止的混乱。彼得·斯坦与约翰·香德在《西方社会的法律价值》一书中提出社会秩序是一种永伴法律的基本价值。② 只有在法律秩序之中才能对人性中的贪婪、好斗

① 周旺生：《论法律的秩序价值》，《法学家》，2003 年第 5 期。
② ［美］彼得·斯坦，约翰·香德：《西方社会的法律价值》，王献平译，中国法制出版社，2004 年，第 38 页。

等弱点加以抑制和规范，进而实现对正义、和谐等价值理念的追求。其次，法律秩序是人类社会安全状态及人的基本权利实现的有效保障。对人的基本人身权利与财产权利的保障是人能够在社会中生存发展的基本要素。法律秩序以明晰的规则条文将社会生活中复杂且虚幻的各类劳动关系、债权债务关系、婚姻家庭关系等进行了具体化的确立与保护，使得各类社会主体在交往关系之中能够互相信任，有安全感地进行交流。再次，法律秩序还能够协调人类社会的文化与政治生活，尤其是在政治生活方面的秩序作用表现突出。随着人类社会的经济生活日趋繁复，社会阶级之间的矛盾也越来越突出，阶级对立容易引发群众的不满情绪而造成社会动荡，因此国家需要依靠法律秩序来对各阶级的关系进行维护和协调，使得社会各组织、利益集团或阶级之间能够处于和平稳定的状态之下，并对这种状态加以制度化建设。通过法律秩序对政治生活的建制化协调，使得社会稳定的阶级关系在受到不合理冲击时能够依法加以干预和补救，并通过法的制裁性手段来遏制非法的秩序破坏行为。就法律秩序的精神价值而言，法律秩序价值是其他法的价值的一项基础性内容。法的价值包括平等、自由、效率等多项内容，但是秩序是法最直接的追求也是最为基础的企望。①

　　法律秩序虽然已经以各种成文的法律条文为基础贯穿于社会生活之中，但是法的秩序价值的实现仍然需要通过具体的社会实践来达成。实现法的秩序价值需要以下四个方面的努力：第一，社会群体要自觉遵守法律。法律规范中包含了一系列强制性规范、义务性规范及授权性规范等内容，在这些规范中给予了社会群体作为或不作为的权利及义务。社会组织及个人应当自觉主动地按照法律规范的内容进行社会活动以保持社会交往过程中的可预见性与有序性，这是社会生活有序化在法律秩序方面的一种积极体现。社会交往的行为者通过自己的具体行动而达到法律规范的要求，是人类社会利用法律来进行自我平衡与协调的体现。第二，法律规范要在争议中得以适用。人类社会的冲突与争议并不能依靠习俗、道德上的规范而归于消灭，即使是在法律制度极为完善、人民的法治观念也极为先进的社会中争议与冲突也将持续存在。因此，解决冲突就成为维护社会稳定有序的一项重要内容。不论是在民事、刑事还是行政领域之中，社会关系的参与者们都会不可避免地发生摩擦，甚至某些参与者为了追求自利而主动地采取违法犯罪行为损害他人的利益。在这种情况下，国家司法机关与权力机关就应当遵循法律

---

① 卓泽渊：《法的价值论》，法律出版社，1999年，第185页。

的规定对不合法的行为加以干预与制裁，或是对当事双方争议的内容进行公正的裁决。只有运用法律规范及时地解决社会生活中的纠纷，才能使法律规范中确立的各项权利与义务内容具有现实的意义，才能体现法律秩序对社会生活的监督功能与保护功能。第三，要能够以法律规范的良性运行方式来对抗社会模式中的另外两种不适当的制度状态，即无政府状态与专制状态。经过社会学家与法学家的考察及人类历史的经验教训表明，前述两种状态都是无法维持和谐有序的社会发展的。无政府状态否认一切强制性规则的作用使得各社会主体都享有不受限制的权利，而这些权利之间的无休止对抗必然消减稳定的社会秩序。专制状态则是由专制君主一人集权以个人意志对整个国家与社会实行统治，在这种制度之下由于没有组织可对集权进行监督，因而权力的行使具有极大的任意性，人民的财产与人身安全都得不到保障。因此，以上两种制度状态都是不可靠的，会使社会进入无序混乱的状态，应当对其保持警惕。对抗以上两种制度，就需要通过发挥法律规则的普遍性、一致性、成文性等特征，结合社会政治、经济、文化发展的状态而建立起法律秩序体系，并不断对其加以完善。第四，要不断突破社会存在的各类滞阻因素。法的秩序价值的实现在法律使用过程之中存在着诸多阻碍，例如立法的水平不够高不能满足社会发展的需要；执法机关及其工作人员的执法状态不够好对私权利造成侵害；司法裁判的结果与社会大众的公正感受有差距等，都将对法律秩序造成一定的冲击。但是这类冲击是必然存在且不可采用暴力手段强制消灭的，需要人们在法治实践当中逐步克服这些消极因素，以此推动法的秩序价值的积极实现。

第三节　法哲学实践课堂

主题一　专题研讨会：开创依法治国新局面之公平正义

【实践形式】
专题研讨会

【**实践目标**】

本环节要求阅读教材，交流专题研讨案例，进行思维整合。在教学中设置"交流研讨"环节，通过专题研讨会了解什么是法治国家下的公平正义。同时树立自己的公平正义的价值观。

【**实践设计**】

1. 活动准备

将学生进行分组，并共同完成小组报告。

2. 活动组织

在课堂上进行小组讨论，讨论结束后，由小组代表进行发言，老师进行点评，通过分享各自观点后，形成各组的小组报告，并在下次课堂上以 PPT 的形式进行汇报，PPT 制作不少于 10 页。

【**实践成果**】

以 PPT 的方式进行公开汇报，大家相互学习，教师引领学生对问题做进一步思索，达成对理论的更深层面解读。

【**实践评价**】

本次评价的标准如下：

1. PPT 制作不少于 10 页，内容充实，制作精美。

2. 汇报时，条理清楚，观点明确，态度积极，为优秀汇报成果。小组报告需要小组人员合作完成，不能出现有人偷懒的现象，如有视为不合格。

3. 材料准备情况。材料准备详实、充分为优秀；材料准备比较充分为良好；材料准备不充分为合格；没有准备为不合格。

【**思考问题**】

1. 坚持公平正义在社会主义法治建设中的重大意义。

2. 如何在法治建设过程中遵循公平正义的价值追求？

3. 如何协调社会的公平正义与个人利益之间的冲突？

4. 司法体制改革对坚持司法公正，维护社会公平正义提出了怎样的新要求？

【参考资料】

周强：《坚持公正司法 努力让人民群众在每一个司法案件中感受到公平正义》，《人民司法》，2018年第16期。

主题二　观影研讨会：法律与秩序

【实践形式】

观影研讨会

【实践目标】

本环节组织学生观看《法律与秩序》，这是一部美国的电视连续剧，选取其中几集进行播放，针对观看内容，撰写观后感。通过本次观影研讨，了解美国的法律情况，从而与我国的法律现状进行对比研究，进一步了解我国的社会法律秩序。

【实践设计】

1. 准备工作

（1）介绍影片背景，了解观影目的。

（2）在观看过程中，需要大家思考几个问题：

第一，你对美国法律的理解。

第二，我国和美国在法律治理中有什么不同？

第三，对我国法律秩序有什么借鉴作用？

2. 组织观看影片

3. 影片观看完毕，进行集体讨论，畅所欲言

4. 每个人撰写一份观后感，并按时提交任课教师

【实践成果】

要求学生观影后，写一篇2000字左右的观后感，阐述自己的观点和看法，比较我国与美国关于法律秩序的不同之处，希望学生能表达出内心最真实的想法，有自己的独到见解。

【实践评价】

学生提交观后感之后，选择优秀文章，进行公开朗读，让大家相互学习。观后感的评价标准：了解影片内容、表达清晰、逻辑连贯，有理有据，观点鲜明。学生观后感等级：优、良、中、及格、不及格。

【思考问题】

1. 法律秩序如何与其他社会秩序共同发挥作用？
2. 良好法律秩序的形成需要哪些要素？
3. 法律秩序相较于其他社会秩序的突出特点是什么？
4. 英美法系与大陆法系在法律秩序的形成方面有何不同？

【参考资料】

《法律与秩序》电视剧简介（学生可自行网上搜索）

主题三　理论宣讲：公平正义与法律秩序研究讨论

【实践形式】

理论宣讲

【实践目标】

本次实践活动主要安排专家学者对公平正义和法律秩序的理论、发展及在我国社会主义制度下进行理解和阐释。在司法过程中如何做到公平正义、保障法律秩序，这是在本次实践课程中学生需要掌握的知识。

【实践设计】

1. 活动准备

邀请相关专家进行专题讲座、发放课上需要讲解的文献和历史资料，可供学生提前整理和学习，以便在课上更好地理解。提前安排好理论宣讲的地点、时间及参加人情况。

2. 活动组织

由教师负责主持，专家进行理论宣讲，学生做好笔记，采取提问回答互动的方式，进行热烈讨论。

【实践成果】

本次理论宣讲结束后，根据课堂讨论及自身的心得体会，对课堂内容进行自己观点的理解和阐述，形成一篇 2000 字以上的小论文，将优秀论文发表在学校的学报上。

【实践评价】

本次实践活动的评价标准如下：

1. 出席本次专家理论宣讲活动。

2. 宣讲课堂上进行积极发言，提出新颖的观点和看法。

3. 认真完成小论文撰写任务，论文做到有理有据，深刻剖析，能够理论联系实际，得出独特的看法和认知，此类论文为优秀作品。

【思考问题】

1. 坚持公平正义与良好法律秩序形成之间的关系。

2. 如何把对公平正义的价值追求融入法律秩序的建设中？

3. 建设社会主义法治国家需要形成怎样的法律秩序？

4. 如何保持法律秩序的稳定，并使其适应时代发展要求？

【参考资料】

肖北庚：《法律秩序的概念分析》，《法学论坛（华东政法学院学报）》，2002 年第 2 期。

第四节　精选案例

案例一：《反垄断法》首案

北京市第一中级人民法院公开开庭宣判了原告唐山市 Z 信息服务有限公司（简称唐山 Z 公司）诉被告北京 X 网讯科技有限公司（简称 X 公司）垄断纠纷案，判决驳回原告唐山市 Z 信息服务有限公司的诉讼请求。本案是《反垄断法》正式实施后北京法院做出判决的第一起案件。本案的裁判不仅给出了"相关市场"和"市场支配地位"的界定方法，而且对如何认定"滥用市场支配地位的行为"进行了有益探索，因而有着深远的意义。

原告唐山 Z 公司诉称，由于其降低了对 X 搜索竞价排名的投入，被告即对全民医药网在自然排名结果中进行了全面屏蔽，从而导致了全民医药网访问量大幅度降低。而被告这种利用中国搜索引擎市场的支配地位对原告的网站进行屏蔽的行为，违反了我国《反垄断法》的规定，构成滥用市场支配地位强迫原告进行竞价排名交易的行为。故请求法院判令被告赔偿原告经济损失 1,106,000 元，解除对全民医药网的屏蔽并恢复全面收录。

被告 X 公司辩称，被告确实对原告所拥有的全民医药网采取了减少收录的措施，实施该措施的原因是原告的网站设置了大量垃圾外链，搜索引擎自动对其进行了作弊处罚。但是，该项处罚措施针对的仅仅是 X 搜索中的自然排名结果，与原告所称的竞价排名的投入毫无关系，亦不会影响原告竞价排名的结果。其次，原告称被告具有《反垄断法》所称的市场支配地位缺乏事实依据。被告提供的搜索引擎服务对于广大网民来说是免费的，故与搜索引擎有关的服务不能构成《反垄断法》所称的相关市场。因此，请求人民法院判决驳回原告的诉讼请求。

法院认为，原告既未能举证证明被告在"中国搜索引擎服务市场"中占据了支配地位，也未能证明被告存在滥用市场支配地位的行为，其诉讼请求缺乏事实与法律依据，依据《民事诉讼法》第六十四条、《反垄断法》第十七条第

（四）项及第五十条之规定，判决驳回原告的全部诉讼请求。

审判：

相关市场是《反垄断法》中一个非常重要和基础性的概念，在对任何垄断行为进行讨论之前，都要首先定义"相关市场"。这里的"相关市场"与我们通常所说的包含形形色色各类商品和服务的"市场"不是同一个概念。"相关市场"是指经营者在一定时期内就某种商品或者服务进行竞争的范围，在这一范围之内，经营者提供的商品或者服务具有替代性，并存在着竞争关系。

对于判决中没有认定 X 具有"中国搜索引擎市场"支配地位的原因，本案中原告对被告是否具有市场支配地位负有举证责任，而根据原告所提供的证据来看，我们认为不具有证明被告具有市场支配地位的证明力，因为我们对 X 在本案中是否具有市场支配地位认定的基础是原告所提供的证据。此外，公众所提到的"使用率高""知名度高"等概念与《反垄断法》所称的"市场支配地位"不是一个概念，后者一般要通过严密的经济分析的过程才能够予以确定。

本案的特殊之处在于承办法官在案件的审理过程中要面临法律与技术的双重挑战。在对《反垄断法》中相关法律问题进行研究的同时，还要对案件当中所涉及的与互联网技术有关的，比如搜索引擎的工作机制问题、反作弊措施的实施等问题进行分析，法律问题与技术问题的密切结合是本案中的亮点，增加了审理难度。

【案例讨论】

1. "相关市场"概念是什么？为何没有认定 X 具有中国搜索引擎市场支配地位？

2. 在法律裁决中，《反垄断法》是否符合我国的社会公平正义？

【案例点评】

首先，认定经营者是否具有市场支配地位，原则上应当根据《反垄断法》第十八条所规定的市场份额、竞争状况、控制销售市场和原材料市场的能力等因素进行判断。当然，在经营者的市场份额能够予以准确确定的情况下，也可以根据《反垄断法》第十九条的规定进行市场支配地位的推定。但当反垄断民事诉讼中的原告选择适用上述推定条款来证明被告具有市场支配地位时，应当就其对被告市场份额的计算或者证明方式提供充分的证据予以列举。本案中的相关市场是中国搜索引擎服务市场，原告仅提交了两篇有关被告市场地位的新闻报道，未提供具体的计算方式、方法及有关基础性数据的证据能够使本院确信该市场份额的确定源于科学、客观的分析，因此原告未能举证证明被告在"中国搜索引擎服务市场"中占据了支配地位。

其次，《反垄断法》并不禁止企业通过自身的发展形成规模经济，从而占据一定的市场支配地位，《反垄断法》禁止的是占据市场支配地位的企业所实施的，能够影响市场结构，破坏市场竞争秩序的行为和措施。如果经营者所实施的行为具有正当理由，也没有产生破坏市场竞争秩序的后果，即不构成《反垄断法》所禁止的滥用行为。本案中，被告虽然对全民医药网的自然排名结果实施了减少收录数量的技术措施，但其行为是对全民医药网存在"垃圾外链"行为进行的处罚。被告在其网站的相关页面上向社会公众公布了 X 搜索引擎的算法规则及针对作弊行为的处罚方式，原告完全有途径了解 X 搜索反对网站设置"垃圾外链"的行为，并且搜索会对这种行为实施处罚。而且，其处罚措施针对的是所有设置了"垃圾外链"的被搜索网站而非单独指向全民医药网。庭审过程中，原告也承认其经营的全民医药网确实存在"垃圾外链"。上述反作弊机制的实施是为了使搜索结果更为真实和可靠，从而保证广大搜索引擎用户的利益，同时，现有证据亦无法证明被告采取的上述措施对原告而言存在歧视性或者胁迫性，故被告基于全民医药网存在大量"垃圾外链"的事实而对其实施了减少自然排名部分收录数量的技术措施是正当的，不构成滥用市场支配地位的行为。

案例二：区政府强拆无证房产案

2001 年 7 月，因地块改造及"两街"整合区块改造项目建设需要，浙江省金华市婺城区后溪街西区要进行拆迁，许水云的两处房屋被纳入拆迁许可证的拆迁红线范围。然而拆迁人在拆迁许可证规定的期限内一直未实施拆迁。直至 2014 年，婺城区政府发布《婺城区人民政府关于二七区块旧城改造房屋征收范围的公告》，明确对二七区块范围实施改造，许水云房屋位于征收范围内。2014 年 10 月 26 日，婺城区政府发布房屋征收决定，涉案房屋被纳入征收决定范围。但该房屋于婺城区政府做出征收决定前的 2014 年 9 月 26 日已被拆除。许水云提起行政诉讼，请求确认婺城区政府强制拆除其房屋的行政行为违法，同时提出包括房屋、停产停业损失、物品损失在内的三项行政赔偿请求。经双方答辩，三巡庭最终判决认为，对许水云房屋损失的赔偿，应以婺城区政府在本判决生效后做出赔偿决定时点的同类房屋的市场评估价作为基准。同时，许水云依法和依据当地征收补偿政策应当得到也能够得到的补偿利益，应由婺城区政府参照补偿方案予以赔偿。法槌落定，被问及对终审判决满意与否，许水云妻子李金凤连用了两个满意表达。"最高法院判的合情合理，为老百姓出了一口气，我们打了三年官司，眼泪都流出来了，最高法院判决公正。"李金凤表示。婺城区区长郭慧强在庭上表示："整个区块改造中，我们对群众合法权益一直是尊重和保障的，本案由于拆迁施工不慎造成房屋损害，是我们管理不严格，事后我们一直协商补偿，未能达成一致。根据法庭宣判结果我们会依法补偿，尊重生效判决，维护法律权威，通过参加本次庭审我们提高了依法行政的意识。"庭审结束后，郭慧强接受采访时表示，过去某种程度上，将依法办事和行政效率对立，现在看还是要辩证统一地看待二者关系。政府的任何决策，即使是符合公共利益的决策，也要依法来办。程序要合法合规，才能以更快的速度达到想要的结果。

庭审焦点：

1. 强拆还是误拆？

最高法：拆除系政府主导下进行，应承担法律责任。

许水云涉案房屋为1990年4月1日《城市规划法》实施前建设的历史老房，虽未取得房屋所有权证，但应认定为合法建筑。根据《国有房屋征收和补偿条例》27条规定，应按照先补偿后搬迁原则。

据李金凤表述，区政府拆除前并未与许水云家商谈赔偿问题，表示先拆掉再谈价。在许水云方不同意后，就组织100多人进行强拆。在房子拆掉一个月后，才张贴出拆除公告。而婺城区政府在庭审中表示，是拆迁别的房屋时，不小心误拆了许水云的房屋。

最终，最高法院三巡庭认定：虽然有婺城建筑公司主动承认误拆，但改造工程指挥部工作人员给许水云发送短信，许水云提供的现场照片、当地有关新闻报道，均能证明2014年9月26日的拆除系政府主导下进行，故婺城区政府主张强拆系民事侵权的理由不能成立，婺城区政府应当作为本案被告，承担相应法律责任。

2. 政府赔偿还是补偿？

最高法：婺城区政府参照补偿方案予以赔偿。

本案另一焦点是通过行政赔偿还是行政补偿程序进行救济。庭审中，许水云方表示，婺城区政府在拆迁中的行为，存在违法性和过错性，他们的房屋为营业房，政府的强拆行为导致营业损失，并且房屋价值在 2014 年到 2017 年间一直上涨。因此提出了要求赔偿每月 2 万元停产停业损失、6 万元直接损失等要求。被申请方婺城区政府则认为，不能说房子拿去搞商业用途，就是营业房。营业房有严格法律规定和程序，如果房产证明登记用途就是营业用房，那应以房产登记为准，但许水云的房屋是无证房产。

经双方答辩，三巡最终判决认为，对许水云房屋损失的赔偿，不能按照 2014 年 10 月 26 日被拆除房屋的市场价格为基准确定，而应以婺城区政府在本判决生效后做出赔偿决定时点的同类房屋的市场评估价作为基准。同时，许水云依法和依据当地征收补偿政策应当得到也能够得到的补偿利益，属于其所受直接损失范围，也应由婺城区政府参照补偿方案予以赔偿。

终审判决中还提出，一审和二审判决中认为应通过征收补偿程序解决本案赔偿问题，未考虑到婺城区政府并非依法征收而系违法强制拆除他人合法房屋这一客观事实。因此，一审和二审的部分判决均属于适用法律错误，应予纠正。

声音：

（1）本案裁判考虑到问题的复杂性，既保护因违法拆除给权利人房屋造成的损失，也保护被征收人依据《国有土地上房屋征收与补偿条例》和当地征收补偿政策应当得到也能够得到的补偿利益的损失。在具体赔偿标准与赔偿时点确定方面，体现了全面赔偿原则，较好地回答了房价普遍上涨的大背景下，如何保护被征收房屋的产权问题。

——东南大学副校长、行政法学教授周佑勇

（2）最高人民法院通过本案判决，进一步明确了市、县级人民政府实施强制搬迁行为在组织法和行为法上的主体责任，防止市县级政府在违法强拆后，又利用补偿程序来回避国家赔偿责任，回避人民法院行政诉讼对行政强制权的监督。

——中国政法大学副校长、行政法学教授马怀德

【案例讨论】

1. 这个判决给现在的政府什么样的启示？

2. 最高审判机关在裁判此类行政诉讼案件中，怎么来倒逼行政机关依法行

政保护当事人产权，做到社会的公平正义？

【案例点评】

区政府在征收过程中，很多工作做得非常到位，绝大部分被征收人也都通过签订协议的方式自行搬迁，居住条件得到改善。庭审当中区政府也表示，实际上他们迟迟不做补偿决定，是希望通过对话、协调，能给许水云更多征收奖励等利益，他们认为人性化的操作可能比严格依法更能保障许水云的利益。从这个层面来看，整个区块的征收补偿工作总体是依法的。但婺城区政府的教训也很深刻。本来是民心工程，结果被判决赔偿。一是依法行政的能力还有较大提升空间，不善于用法治思维、法治方式和法律手段解决问题。通过庭审能发现，这个案子从2001年的时候就开始按照房屋拆迁管理条例进入拆迁程序，因为双方当事人在一些主要问题上没有达成一致，一直拖到今天，既没有通过拆迁的形式走完，也没通过征收程序把它走完，实际上政府完全有法律上的权力做一个征收决定，做一个补偿决定。第二就是程序意识不强。这个案子到今天为止没有做征收补偿决定，严重违反法定程序。第三个教训就是过于强调效率而忽视了法治。

行政审判就是要监督政府机关依法行政，就是要审查行政机关有没有按法律规定，而且要由行政机关对行政行为合法负举证责任，要提供证据证明行政决定合法，如不能证明合法，法院实际上就是推定行政决定违法。第三巡回法庭通过大量农村集体土地征收案件及国有土地房屋征收案件的审理，一方面支持为公共利益需要而征收土地和城市建设，另一方面就是守住法律底线，法律该给老百姓被征收人的各方面权益，法院应帮他落实保障到位。

案例三：聚众扰乱社会秩序的案例

2005年9月17日8时许，李集镇庙东村村民司西安及女友在商永公路李集超限站东200米处因交通事故死亡。次日庙东村委干部司联营（另案）等人以事故是李集交警中队追车造成的为由制造事端，组织群众到李集交警中队闹事，借机发泄其对公安交警的不满情绪。期间，被告人李某某积极参与，与庙东村群众一起开车拉人到李集交警中队。在群众与干警厮打期间，李某某抱住一名干警让其岳母殴打。被告人李红套受司联营的指使，两次到李集街上找人作证，让人在一张白纸上签名并按指印，以证明司西安的死是交警追车造成的，为司联营等人提供闹事依据。被告人司建华在得知庙东村群众要把尸体抬到李集交警队后，给新闻媒体打电话，发现公安干警外出时，鼓动群众起哄、围攻、阻拦。一些不明真相的群众在司联营、司广军等人的组织下，强行将司西安及女友尸体抬到李集交警中队办公室，砸坏门窗玻璃及办公用具，殴打、辱骂干警，致使李集交警中队正常工作无法进行达8个小时之久。

审判：

夏邑法院经过审理认为，聚众扰乱社会秩序罪，是指扰乱国家机关与人民团体的工作秩序、企业单位的生产与营业秩序、事业单位的教学与科研秩序。行为人往往企图通过这种扰乱活动，对国家机关、企事业单位与人民团体的正常工作进行干扰和破坏活动，制造事端，施加压力，以实现自己的某种无理要求，或者借机发泄不满情绪等。被告人司建华在此次扰乱活动中积极参与，煽动不明真相的群众围攻、殴打公安干警；被告人李某某在他人的唆使下开车拉人到李集交警中队闹事，参与殴打公安干警；被告人李红套受人指使收集伪证，为闹事提供借口。此次扰乱活动严重影响了李集交警中队的工作秩序，致使工作无法正常进行长达8个小时之久，造成了严重损失和恶劣影响。三被告人积极参与，其行为均构成聚众扰乱社会秩序罪，且系共同犯罪。公诉机关指控的罪名不能成立，辩护人关于应构成聚众扰乱社会秩序罪的意见，应予采纳。在犯罪过程中，三被告人起次要作用，系从犯，依法应从轻或减轻处罚。根据《中华人民共和国刑法》第二百九十条第一款、第二十五条第一款、第二十七条、第七十二条第一款之规定，判决被告人司建华犯聚众扰乱社会秩序罪，判处拘役四个月；被告人李某某犯聚众扰乱社会秩序罪，判处拘役六个月，缓刑一年；被告人李红套犯聚众扰乱社会秩序罪，判处管制一年。

【案例讨论】

本案在审理时有两种意见：

一种意见认为，三被告人因他人发生交通事故死亡，继而以此事故是李集交警中队追车造成的为由制造事端，组织群众到李集交警中队闹事，其行为符合聚众冲击国家机关罪的特征，应以聚众冲击国家机关罪对其定罪量刑。

另一种意见认为，他人发生交通事故死亡后，被告人司建华在得知庙东村群众要把死亡者尸体抬到李集交警队后，给新闻媒体打电话，发现公安干警外出时，鼓动群众起哄、围攻、阻拦；被告人李某某在他人的唆使下开车拉人到李集交警中队闹事，参与殴打公安干警；被告人李红套受人指使收集伪证，为闹事提供借口。此次扰乱活动严重影响了李集交警中队的工作秩序，致使工作无法正常进行长达 8 个小时之久，造成了严重损失和恶劣影响。三被告人积极参与，其行为均构成聚众扰乱社会秩序罪，系共同犯罪。

针对上述两种意见，你的观点是什么？

【案例点评】

结合本案，被告人司建华在此次扰乱活动中积极参与，煽动不明真相的群众围攻、殴打公安干警；被告人李某某在他人的唆使下开车拉人到李集交警中队闹事，参与殴打公安干警；被告人李红套受人指使收集伪证，为闹事提供借口。此次扰乱活动严重影响了李集交警中队的工作秩序，致使工作无法正常进行长达 8 个小时之久，造成了严重损失和恶劣影响。三被告人积极参与，其行为均构成聚众扰乱社会秩序罪，且系共同犯罪。应以聚众扰乱社会秩序罪对三被告人定罪量刑。在犯罪过程中，三被告人起次要作用，系从犯，依法应从轻或减轻处罚。综上所述，本案判决是正确的。

第七章

法的基本构成要件

法律研究的目的是一种预测， 即对公共权力通过法院的工具性的活动产生影响的预测。

——［美］ 奥利弗·温德尔·霍姆斯 《普通法》

当秩序成了混乱的时候， 就不得不用混乱来维持秩序， 拯救法律了。

——［法］ 罗曼·罗兰 《哥拉·布勒尼翁》

第一节　法律规则的构成和分类

规则一般是指共同制定并遵守的条例、章程、法律、标准等，具有多种存在形式，或是明文规定，或是约定俗成，并在社会的各个运行环节中广泛体现。《史记》有云"必将崇论闳议，创业垂统，为万世观"，表明了规则的广泛性与重要性。规则在社会生活的运行过程中发挥着重要作用，一套高效且广为接受和奉行的社会规则体系是社会得以有序运行，社会成员权利得以充分实现的重要力量来源。

本章所讲之法律规则，是众多种规则中的一种类型，也是最重要的类型。法律规则主要是指经国家制定或认可的规定公民在法律层面所享有的权利、承担的义务以及行为准则、衡量标准等。著名法理学专家周永坤教授曾在他的代表作《法理学——全球视野》中这样定义法律规则："法律规则是规定法律上的权利、义务、责任的准则、标准，或是赋予某种事实状态以法律意义的指示、规定。"[①]由此可见，法律规则是引导主体权利义务行为的一般性规定。

关于法律规则的定义，学界一直存在着这样的争议：法律规则是否与法律规范分享相同的概念范畴？关于这一点，我国法学界主流论调与国际传统观点有所不同。简而言之，以英美为代表的国际法学研究者认为法律规范的概念集合中是覆盖法律规则的，法律规范包括法律规则与法律原则；而我国法学界的一般看法则不区分，认为法律规范等同于法律规则。

为了更准确地理解定义，我们可以将法律规则与自然规则加以比较，得到更深层次的理解。例如，法律规则主要规定作为主体的人的行为，而自然规则强调的则是物质运动规律；法律规则是意识运行的结果，而自然规则是不受人主观意识影响的；法律规则是一种"该当性"的规则，自然规则描述的则是一种必然的现象。

---

① 周永坤：《法理学——全球视野》，法律出版社，2016 年，第 165 页。

另外，法律规则的广泛规制性，决定了它必须具有一套高度科学化、严密性的逻辑结构。至于逻辑结构的具体构成，理论界尚无统一观点，学者们的主流认知一般分为"三要素说""两要素说"和"新三要素说"。① 三要素说提出于20世纪80年代初，认为法律规则包括假定、处理和制裁三个要素。所谓假定，是指法律规则中有关适用该规则的条件和情况的部分，包括适用条件和主体行为条件；处理指的是法律规则中起引导主体行为作用的构成部分，也是法律规则分类的主要标准，后文将详述之；制裁则主要指明了相应的法律后果。三者共同构成了一条完整的法律规则。例如，《刑法》第一百〇五条规定："组织、策划、实施颠覆国家政权、推翻社会主义制度的，对首要分子或者罪行重大的，处无期徒刑或者十年以上有期徒刑；对积极参加的，处三年以上十年以下有期徒刑；对其他参加的，处三年以下有期徒刑、拘役、管制或者剥夺政治权利。"其中，假定部分省略，"组织、策划、实施颠覆国家政权、推翻社会主义制度"是法律规则中的处理部分，"对首要分子或者罪行重大的，处无期徒刑或者十年以上有期徒刑；对积极参加的，处三年以上十年以下有期徒刑；对其他参加的，处三年以下有期徒刑、拘役、管制或者剥夺政治权利"是规则中的制裁部分。然而，此种观点存在诸多不合时宜之处：首先，"处理"的法学规范含义与日常用语范畴的字面含义不相吻合，也过于强调国家本位与强制力的色彩；其次，"制裁"的语义过于狭隘，过分侧重于消极评价，不足以囊括积极的法律评价。此种理论立场目前已基本被放弃。

基于对"三要素说"的批判，"两要素说"出现并成为大量法学研究者眼中的宠儿。"两要素说"将法律规则分为行为模式和法律后果两个组成部分。行为模式指的是法律规则效力范围内的主体可为、应为、不可为的行为准则，具体表现为权利或者义务等。法律后果则指的是主体行为对应的法律结果、法律评价。例如在《刑法》第一百〇三条"组织、策划、实施分裂国家、破坏国家统一的，对首要分子或者罪行重大的，处无期徒刑或者十年以上有期徒刑；对积极参加的，处三年以上十年以下有期徒刑；对其他参加的，处三年以下有期徒刑、拘役、管制或者剥夺政治权利"中，"组织、策划、实施分裂国家、破坏国家统一"就是行为模式，"处无期徒刑或者十年以上有期徒刑；对积极参加的，处三年以上十年以下有期徒刑"是法律规则的法律后果部分。

① 张文显：《法理学》，高等教育出版社，2011年，第66－67页。

发轫于 20 世纪 90 年代的"新三要素说"目前占据中国法学界的主导地位。一方面"新三要素说"肯定了"两要素说"中关于"行为模式""法律后果"作为法律规则构成要件的结构地位。同时，"新三要素说"指出了"假定"作为结构要素之一的重要性与必要性。其一，"假定"的存在保证了规则结构的逻辑完整性，因为任何的法律评价都是基于某种确定的适用前提的，任何离开前提条件谈法律后果都是不负责任的；其二，"两要素说"混淆了法律条文与法律规则，前提条件在法律条文中可以省略并不代表法律规则的完整表达可以离开前提条件而自成一派。法律条文虽与法律规则存在着千丝万缕的联系，但是这并不代表法律条文与法律规则就可以不分彼此。

法律规则是法律条文的内容，法律条文是法律规则的表现形式，并不是所有的法律条文都直接规定法律规则，也不是每一个条文都完整地表述一个规则或只表述一个法律规则。具体而言，它们之间的关系主要有以下几种形式：一个完整的法律规则由数个法律条文来表述；某法律规则的内容分别由不同规范性法律文件的法律条文来表述；一个条文表述不同法律规则或其要素；法律条文仅规定法律规则的某个要素或若干要素。以法律条文的具体内容为分析的逻辑出发点，才能准确判断出某具体法律条文与法律规则之间的正确联系。当充分理解法律规则的逻辑结构之后，准确界定法律规则就是一件水到渠成之事，也就基本能做到将法律规则与其他规则准确区分。

法律规则的纷繁复杂，决定了法律规则科学分类的必要性和重大理论与实践意义，有助于其实现体系化发展，推动实务操作中的准确适用。依据不同的标准，法律规则可以做出多种分类。本书在此列举四种对法理学研究和司法实务操作有重大意义的分类。

（一）以规则内容作为分类的标准，法律规则可以被分为授权性规则、义务性规则和职权性规则。授权性规则是指示人们可以作为、不作为或要求别人作为、不作为的规则。其存在意义就在于给予效力范围内的主体一定的权利空间，基于维护自身利益的考虑而建立、变更、终止一定的法律关系或改变既存的法律地位，并提供一套切实可行的行为模式。主要表现形式为"可以""有权"等语言标识符号。与义务性规则和职权性规则相比，授权性规则的特点就是为权利主体提供一定自由选择的空间，排除强制命令性的作为或不作为的内容设定，是现代民主国家政治体制的基本价值选择之一，在现代法律中占据着主导地位。

义务性规则是直接要求人们作为或不作为的规则。与授权性规则不同的是，义务性规则主要表现为一种约束性规定，以此维持社会生活的秩序性和安全性。义务性规则可分为命令性规则和禁止性规则。（1）命令性规则，是指规定人们的积极义务的规则，即人们必须按照规则内容的指示作为或不作为。（2）禁止性规则，是指人们按照规定应当履行合法的消极义务。义务性规则的主要特征有强行性、必要性和不利性。强行性表明主体行为是正当且必要，否则即会受到相应惩罚；必要性是指义务性规则是必不可少的，对维护社会的正常运转具有不可替代的作用；不利性是指义务性规则引导下的行为虽然对社会是有利的，但对于行为人本人往往是不利的。举例说明，"禁止任何组织或者个人用任何手段侵占或破坏国家和集体的财产""现役军人的配偶要求离婚，须得军人同意"即属于义务性规则。

职权性规则，顾名思义，指的是关于公权力机关的行为规则，通常表现为机构权限规则、地位规则等，司法机关的审判规则也可归为此类。与授权性法律规则不同的是，职权性规则虽然也赋予了特定主体一定的行为自由，但是此种自由是不可放弃的，否则就要承担不利的法律后果。部分学者也称其为"权义复合规则"。

（二）以规则的形式特征作为分类的标准，法律规则可分为客观性规则和裁量性规则。所谓客观性规则，是指对应的规则内容清晰，判断标准明确。例如，"本法所称公司是指依照本法在中国境内设立的有限责任公司和股份有限公司"就是一个客观性规则。

裁量性规则指的是法律规则的内容不是确定具体的，具有一定的抽象性和宏观性，需要经过具体化方可适用。例如《民法总则》第十条"处理民事纠纷，应当依照法律；法律没有规定的，可以适用习惯，但是不得违背公序良俗"就是一条裁量性规则，因为"公序良俗"具有一定的裁量空间，需要经过解释才能应用到司法实务当中，因此可被称作裁量性规则。

（三）以法律规则的功能作为分类标准，其可分为调整性规则和构成性规则。调整性规则指的是既存的行为方式进行调整的规则，主要起到规制、调整的作用，可表现为控制已有的行为、改变已有的行为等。

构成性规则是以该规则的规定作为产生某种行为方式的前提条件的法律规则。在构成性规则正式生效之前，受其调整的社会关系并不一定存在，只有当规则产生之后，相关行为才可能出现。如关于税种、税率的规定，才产生了具体的税收关系。

（四）以强制性程度作为分类标准，法律规则可分为强行性规则和指导性规则。强行性规则指的是处于规则效力范围内的主体必须作为或者不作为且不得自行变更其内容的规则。例如《物权法》第九条规定"不动产物权的设立、变更、转让和消灭，经依法登记，发生效力；未经登记，不发生效力，但法律另有规定的除外"，就是一条典型的强行性法律规则。

指导性规则，顾名思义，即是规则只表明一种宏观指导而非强行性命令。指导性规则多出现于国际法和私法当中。例如，在《世界人权宣言》中的许多规则对世界各国并没有强行性的规制效力，只具有指导意义。

法律规则除具有以上几种分类标准以外，还有多种分类标准。例如，根据规则的适用领域不同，可分为刑法规则、民法规则、行政法规则等；根据规则的效力不同，法律规则可分为宪法性规则、普通法规则和规章性规则。分类标准的多样性决定了法律规则种类的多样性，在理论研究和司法实务中，只有选取恰当的分类标准，才能更高效地适用规则，辅助理论研究和实务操作。

另外，法律规则的丰富性决定了规则之间不可避免地会发生冲突，因此，建立一套科学合理的规则冲突解决机制显得十分必要，结合法学理论研究成果和司法实践经验，法律规则冲突解决一般遵循以下几项规则。

（1）不同效力等级的法律规范之间发生冲突时，较低等级的法律规范不得对抗较高等级的法律规范内容。

（2）同一机关制定的法律、法规、条例、规章，属于特别法与一般法、特别规定与一般规定、特别条款与一般条款关系，而两者之间的规定是不一致的，适用特别条款的规定，即"特别法优于一般法"。

如果同属于特别法、特别规定、特别条款或者一般法、一般规定，一般条款，新的规定与旧的规定不一致的，适用新的规定，即"新法优于旧法"。

（3）法律之间对某事项后颁布一般规定与先生效的特别规定不一致，不知如何适用时，由全国人大常委会裁决；行政法规之间对某事项的新的一般规定与旧的特别规定不一致的，由国务院裁决；同一机关制定的新的一般规定与旧的特别规定不一致时，由制定机关裁决。

（4）不同机关制定的具有同等效力地位的法律规则之间的矛盾解决机制。地方性法规与部门规章之间对同一事项的规定存在矛盾的，由国务院提出意见，国务院认为应当适用地方性法规的，应当决定在该地方适用地方性法规的规定；而认为应当适用部门规章的，应当提请全国人大常委会裁决。规章之间对同一事项的规定不一致时，由国务院裁决，同理，人民法院在审理行政案件过程中遇到这一情况时，由最高人民法院报请国务院裁决。

（5）根据授权制定的法规与法律不一致，不能确定如何适用时，由全国人大常委会裁决。

第二节　法律原则的构成和分类

关于法律原则这一概念是否确定存在，虽然在漫长的法学发展过程中曾有许多学者给出过否定的答案，但无一例外最终都肯定了它的存在。法律原则，是指为法律规则提供某种基础或本源的综合性的、指导性的原理或价值准则的一种法律规范。当然，关于法律原则的定义，国内外著名的法学者都给出过非常丰富的定义。例如，英国法学家沃克从功能性的角度将法律原则定义为"大量法律推理所凭借的前提，在较为特定的和具体的规范不能解决或不能完全彻底地解决案件之时，可以正当地适用于案件的一般规则"；布莱克法律辞典将其定义为"法律的基础性原理或真理，为其他规则提供基础性或本源的综合性规则或原理，是法律行为、法律决定、法律程序的决定性规则"[①]。比较之下，我们认为布莱克法律辞典中对法律原则的定义似乎更加契合法律原则存在的价值。法律原则较之法律规范，更能够反映法的本质以及规律性。

法律原则的表现形式不是枯燥而单一的，有的法律原则非常抽象，有的法律原则又表现得相对具体。例如，无罪推定原则就相对抽象，而"任何人不能做自己的审判者"这样的原则规定就相对具体。法律原则具有丰富的功能性：（1）指导法律规则的制定和理解；（2）法律原则可以参与到疑难案件审判当中。当某案件在适用现有法律规则会导致不公正现象时，法律原则可以发挥作用，解决实务中的难题，并弥补法律的漏洞。

法律原则与法律规则之间有着千丝万缕的联系，有时难以分辨，但既然两者

---

① 《布莱克法律词典》，美国西部出版社，1983年，第1074页。

是不同的概念范畴，就意味着两者必定存在着区别。在这方面，著名法学家哈特认为法律原则与法律规则的区别是程度性的，不存在鲜明的特征对比。基于此种认识，哈特总结出法律原则的三大特性。一是不确定性；二是价值性，是值得追求的存在；三是非决断性，即非"全有全无"的作用形式。基于哈特的理论，我们将法律原则与法律规则的区别总结如下。

（1）在内容上，法律规则一般由假定条件、行为模式、法律后果三部分构成，其内容明确具体，法律规则着眼于行为及各种条件的共性，目的是限制和规范法律适用上的"自由裁量"；与此相比，法律原则着眼点不仅限于行为及条件的共性，而且关注他们的个别性，其要求比较笼统模糊，它不预先设定明确的、具体的假定条件和特定的法律后果。它只对行为或裁判设定一些概括性的要求或标准，为法官的自由裁量留下了一定的余地。

（2）在适用范围上，法律规则由于内容具体明确，只适用于某一类型的行为；法律原则则具有更加广阔的适应性，辐射面更广阔，是对从社会生活或社会关系中概括出来的某一类行为、某一法律部门或全部法律体系通用的价值准则，具有宏观的指导性，其适用范围比法律规则宽广。

（3）在适用方法上，法律规则是以"全有或全无的方式"应用于个案当中。在事实确定，相应规则明确且有效的情况下，那么相应的后果则是根据法律规则的内容而同样确定，抑或法律规则对事实没有效力，不产生任何的法律后果；而法律原则的适用则不同，它不是以"全有或全无的方式"应用于个案当中，不同强度的原则甚至冲突的原则都有可能存在于同一部法律中。

（4）法律规则的内容是明确具体的，故法律规则拥有确定的逻辑结构。而法律原则的规定是笼统而抽象的，其本身并不预先设定明确的、具体的假定条件，更没有设定明确的法律后果。因此，法律原则不存在逻辑结构。

法律原则按照不同的标准可做不同的分类，其中，对法学理论研究和司法实务操作具有重要意义的分类主要有以下四种。

按照法律原则产生的基础作为分类标准，法律原则可分为政策性法律原则和理论性法律原则。政策性法律原则指的是公权力机关为了实现某方面的任务或者目标而制定的方略性规定，通常是关于社会经济、政治、宏观性政策引导等问题。关于政策性原则是否属于法律原则，国内外学者持有不同的理论立场。国外学者倾向于将政策性原则排除在法律原则之外，而我国学者习惯于将政策性原则视为法律原则的一种。另外，政策性原则常常带有鲜明的民族与时代特征，例如

《宪法》第二十五条关于计划生育的有关原则性规定。

公理性原则是以社会运行环节中的主体之间形成的社会关系为基础产生，由事理推导出来的法律原则。例如，民法中的诚实信用原则、刑法中的罪刑法定原则等。与政策性法律原则相比，公理性法律原则拥有更广阔的适用空间。

以原则的内容为分类标准，法律原则可分为实体性法律原则和程序性法律原则。实体性法律原则指的是以实体法律问题为效力对象的法律原则。实体性法律原则主要起到调节主体实体上权利义务关系的作用，例如物权法定原则和物权客体特定原则等。程序性法律原则是指规定程序性法律问题的原则。程序性法律原则的功能是调整主体程序上的权利义务关系。例如司法被动性原则、排除非法证据原则等。

按照法律原则对人的行为及其条件的适用范围大小，可以把法律原则分为基本原则和具体原则。基本原则是整个法律体系或某一法律部门所适用的、休现法的基本价值的原则，如宪法所规定的各项原则。具体原则是指适用于某一法律部门中特定情形的原则，如英美契约法中的要约原则和承诺原则。

另外，按照周永坤教授的观点，法律原则还可以分为肯定性原则和否定性原则。肯定性法律原则指的是对选定法律规则的适用起肯定意义作用的法律原则，否定性法律原则是指对选定法律规则的适用起否定意义的法律原则。

通常情况下，法律原则适用主要有四种途径：（1）根据法律原则认定法律事实。（2）以法律原则作为判断法律规则正当性的指针。（3）作为法律解释和推理的依据，这也是最常见的适用方式。（4）根据法律原则补充现行法律的漏洞。法律原则作为法律要素之一，具有正当的可适用性，但是由于法律原则的确定性程度较低，若任意适用，则可能滋生司法臆断和司法腐败，所以要对法律原则的适用加以适当限制，以维护司法公正，提高司法公信力。法律原则的适用应当遵循以下限制：

第一，应当分清法律原则与道德原则、政治原则的界限，在司法的过程中排除道德原则和政治原则的适用，这是由法官的角色和司法的社会功能决定的。

第二，法律规则应当具有比法律原则更优先的适用地位，这是由法律原则与法律规则的性质决定的。法律原则一经特定化形成规则就应当适用法律规则，只有在无法律规则可依或者适用法律规则会导致正义缺失的情况下才能考虑适用法律原则解决实际问题。

第三，在适用法律原则的过程中要充分尊重当事人的各项权利，切忌以牺牲主体的正当权益为代价适用法律原则，因为法律原则的存在是为了保障主体权利而非侵犯权利。

第四，在以价值判断为媒介适用法律原则的过程中，要以科学、客观的标准约束法官，减少主观意志的参与，防止司法腐败的滋生。

第五，详细阐述适用法律原则的理由。由于法律原则的抽象性，它并不与具体案例产生当然的联系，为防止司法擅断，法官在适用法律原则时应承担更多的说理义务，保证司法的中立、公正。

第三节　实践课堂

主题一　专题研讨会：法律规则与原则专题研讨

【实践形式】
专题研讨会

【实践目标】
本环节的实践活动安排在第二节"法律原则的构成与分类"的课堂教学完成之后，通过本次研讨会，使学生在大体了解法律原则与法律规则的基础上，重点思考法律规则与法律原则的分类意义何在，究竟应该怎样解决法律规则之间的冲突。要使学生明确法律规则与法律原则之间的区别与联系，深化对法律原则、法律规则的认识。

【实践设计】
1. 活动准备

首先，将学生进行分组，5 人左右一组。

其次，明确提出研讨会的主题和学生要思考的问题：法律规则与法律原则的分类意义何在？怎样解决法律规则之间的冲突？

最后，让学生带着问题阅读参考资料《法律原则的司法适用》及其他相关文献，规定阅读完成的时间，明确阅读的具体要求，并引导每组学生做好材料收集和相关文献的阅读。

2. 活动组织

时间：2课时

地点：教室

各小组先展开讨论，讨论结束后，每组推荐1~2名代表发言；学生代表发言结束后，教师进行点评，引领学生对问题做进一步思索，达成对理论的更深层面解读。

【实践成果】

研讨会结束后，每位学生撰写一份研讨会的总结报告，字数要求在2000字以上。

【实践评价】

本次实践成绩的评定，主要依据以下几个方面的情况：

1. 材料准备情况。材料准备详实、充分为优秀；材料准备比较充分为良好；材料准备不充分为合格；没有准备为不合格。

2. 分组讨论和发言情况。能够积极参与、踊跃发言且观点清晰为优秀；参与比较积极、发言比较踊跃、观点比较清楚为良好；能够参与发言，但态度不够端正为合格；不参与发言为不合格。

3. 总结报告完成情况。提交的总结报告分析深刻、有理有据、能够理论联系实际为优秀；总结报告分析比较深刻、观点比较充分为良好；总结报告比较马虎为合格；没有总结报告或者非常马虎、草草了事为不合格。

【思考问题】

1. 法律规则与法律原则之间的区别与联系。

2. 法律原则在各部门法中有何体现？

3. 法律原则在适用过程中应当注意什么？

4. 法律规则与自然规则有什么区别？

5. 法律原则在司法中的适用条件是什么？

【参考资料】

彭诚信：《论禁止权利滥用原则的法律适用》，《中国法学》，2018 年第 3 期。

主题二 读书报告会：关于法律规则与法律原则适用学习体会

【实践形式】

读书报告会

【实践目标】

本环节的实践活动安排在"法律规则与法律原则专题研讨"的课堂教学完成之后。通过本次读书报告会，使学生对法律规则与法律原则的构成以及分类等有一个更加深入的了解。

【实践设计】

1．活动准备

首先，在第三节的课堂教学开始前，让学生课下阅读下列文献资料：

（1）周永坤：《法理学：全球视野》，法律出版社，2016 年。

（2）张文显：《法理学》，高等教育出版社，2011 年。

（3）杨仁寿：《法学方法论》，中国政法大学出版社，1999 年。

（4）张文显：《法哲学范畴研究》，中国政法大学出版社，2001 年。

（5）柏拉图：《法律篇》，上海人民出版社，2001 年。

其次，提出在阅读相关文献时应关注几个问题：法律规则与法律原则的区别与联系，法律规则与法律原则适用效力等。

最后，给学生简单讲解一下相关文献。

2．活动组织

时间：4 课时

地点：教室

完成第三节的课堂教学后，先召开读书报告会，互相交流心得体会；然后教师点评，引领学生对问题做进一步思索，达成对理论的更深层面解读。

【实践成果】

读书报告会结束后，每位学生撰写一份读书报告，字数要求在 2000 字以上。

【实践评价】

本次实践成绩的评定，主要依据以下几个方面的情况：

1. 文献准备和阅读情况。文献准备详实、阅读认真为优秀；文献准备比较充分、阅读较认真为良好；文献准备不充分为合格；没有准备为不合格。

2. 心得体会交流时的情况。能够积极参与、踊跃发言且观点清晰为优秀；参与比较积极、发言比较踊跃、观点比较清楚为良好；能够参与发言，但态度不够端正为合格；不参与发言为不合格。

3. 读书报告完成情况。提交的读书报告分析深刻、有理有据、能够理论联系实际为优秀；读书报告分析比较深刻、观点比较充分为良好；读书报告比较马虎为合格；没有读书报告或者非常马虎、草草了事为不合格。

【思考问题】

1. 法律原则和法律规则的适用情形有何不同？

2. 法律原则为何能在疑难案件中作为适用依据？

3. 法律原则能弥补法律规则哪些方面的不足？

4. 法律原则和法律规则作为法的要素对于法律的运作与法学研究具有怎样的重要意义？

【参考资料】

吴琦：《疑难案件裁决中的法律原则》，《学术探索》，2018 年第 11 期。

主题三 专家讲堂：关于法律规则与法律原则发展的大讨论

【实践形式】

专家讲堂

【实践目标】

本环节的实践活动通过邀请专家学者对法律原则和法律规则的演进历史、理论发展、搭配适用等问题进行专题讲座，帮助学生更加明晰法律原则与法律规则之间的关系和表现形式。

【实践设计】

1. 活动准备

（1）邀请并确认进行讲座的专家及讲座题目。

（2）提前告知学生讲座题目，要求学生阅读参考资料《"互联网＋"时代法律规则的变革与发展》及相关经典文献和历史资料，整理好问题，做好相关准备工作。

（3）通知学生讲座的时间、地点，并安排好入场顺序和就座事宜。

2. 活动组织

（1）教师主持并动员学生认真听讲，做好记录，积极准备发言。

（2）专家讲座。

（3）学生提问，与专家进行互动。

（4）教师总结发言。

【实践成果】

专家讲座结束后，每位学生上交一篇心得体会报告，要求学生独立思考完成，有自己的观点及论据阐述，字数在 2000 字以上。

【实践评价】

本次实践成绩的评定标准主要依据以下几个方面的情况：

1. 文献准备和阅读情况。文献准备详实、阅读认真为优秀；文献准备比较充分、阅读较认真为良好；文献准备不充分为合格；没有准备为不合格。

2. 专家讲座时的情况。能够积极参与、踊跃提问和发言且观点清晰为优秀；参与比较积极、提问和发言比较踊跃、观点比较清楚为良好；能够参与讲座，但态度不够端正为合格；不参与讲座为不合格。

3. 心得体会报告完成情况。提交的心得体会报告分析深刻、有理有据、能够理论联系实际为优秀；心得体会报告分析比较深刻、观点比较充分为良好；心得体会报告比较马虎为合格；无心得体会报告或者非常马虎、草草了事为不合格。

【思考问题】

1. 为什么社会的发展变化会引起法律原则和法律规则的变化？
2. 社会发展为法律原则和法律规则提出了怎样的新要求？
3. 法律原则和法律规则如何才能适应社会变迁？

【参考资料】

李倩：《"互联网＋"时代法律规则的变革与发展》，《行政管理改革》，2016年第3期。

第四节　精选案例

案例一：于欢故意伤害案

被告人于欢的母亲苏某在山东省冠县工业园区经营山东源大工贸有限公司（以下简称源大公司），于欢系该公司员工。2014年7月28日，苏某及其丈夫于某向吴某、赵某借款100万元，双方口头约定月息10%。至2015年10月20日，苏某共计还款154万元。其间，吴某、赵某因苏某还款不及时，曾指使被害人郭某等人采取在源大公司车棚内驻扎、在办公楼前支锅做饭等方式催债。2015年11月1日，苏某、于某再次向吴某、赵某借款35万元。其中10万元，双方口头约定月息10%；另外25万元，通过签订房屋买卖合同，用于某名下的一套住房作为抵押，双方约定如逾期还款，则将该住房过户给赵某。2015年11月2日至2016年1月6日，苏某共计向赵某还款29.8万元。吴某、赵某认为该29.8万元属于偿还第一笔100万元借款的利息，而苏某夫妇认为是用于偿还第二笔借款。吴某、赵某多次催促苏某夫妇继续还款或办理住房过户手续，但苏某夫妇未再还款，也未办理住房过户。

2016 年 4 月 1 日，赵某与被害人杜某、郭某等人将于某上述住房的门锁更换并强行入住，苏某报警。赵某出示房屋买卖合同，民警调解后离去。同月 13 日上午，吴某、赵某与杜某、郭某、杜某等人将上述住房内的物品搬出，苏某报警。民警出警时，吴某称系房屋买卖纠纷，民警告知双方协商或通过诉讼解决。民警离开后，吴某责骂苏某，并将苏某头部按入座便器接近水面位置。当日下午，赵某等人将上述住房内物品搬至源大公司门口。其间，苏某、于某多次拨打市长热线求助。当晚，于某通过他人调解，与吴某达成口头协议，约定次日将住房过户给赵某，此后再付 30 万元，借款本金及利息即全部结清。

4 月 14 日，于某、苏某未去办理住房过户手续。当日 16 时许，赵某纠集郭某、郭某、苗某、张某到源大公司讨债。为找到于某、苏某，郭某报警称源大公司私刻财务章。民警到达源大公司后，苏某与赵某等人因还款纠纷发生争吵。民警告知双方协商解决或到法院起诉后离开。李某接赵某电话后，伙同张某等人和被害人严某、程某到达源大公司。赵某等人先后在办公楼前呼喊，在财务室内、餐厅外盯守，在办公楼门厅外烧烤、饮酒，催促苏某还款。其间，赵某、苗某离开。20 时许，杜某、程某赶到源大公司，与李某等人一起饮酒。20 时 48 分，苏某按郭某要求到办公楼一楼接待室，于欢及公司员工张某、马某陪同。21 时 53 分，杜某等人进入接待室讨债，将苏某、于欢的手机收走放在办公桌上。杜某用污秽言语辱骂苏某、于欢及其家人，将烟头弹到苏某胸前衣服上，将裤子褪至大腿处裸露下体，朝坐在沙发上的苏某等人左右转动身体。在马某、李某劝阻下，杜某穿好裤子，又脱下于欢的鞋让苏某闻，被苏某打掉。杜某还用手拍打于欢面颊，其他讨债人员实施了揪抓于欢头发或按压于欢肩部不准其起身等行为。22 时 07 分，公司员工刘某打电话报警。22 时 17 分，民警朱某带领辅警宋某、郭某到达源大公司接待室了解情况，苏某和于欢指认杜某殴打于欢，杜某等人否认并称系讨债。22 时 22 分，朱某警告双方不能打架，然后带领辅警到院内寻找报警人，并给值班民警徐某打电话通报警情。于欢、苏某想随民警离开接待室，杜某等人阻拦，并强迫于欢坐下，于欢拒绝。杜某等人卡于欢颈部，将于欢推拉至接待室东南角。于欢持刃长 15.3 厘米的单刃尖刀，警告杜某等人不要靠近。杜某出言挑衅并逼近于欢，于欢遂捅刺杜某腹部一刀，又捅刺围逼在其身边的程某胸部、严某腹部、郭某背部各一刀。22 时 26 分，辅警闻声返回接待室。经辅警连续责令，于欢交出尖刀。杜某等四人受伤后，被杜某等人驾车送至冠县人民医院救治。次日 2 时 18 分，杜某经抢救无效，因腹部损伤造成肝固有动脉裂伤及肝右叶创伤导致失血性休克死亡。严某、郭某的损伤均构成重伤二级，程某的损伤构成轻伤二级。

山东省聊城市中级人民法院于 2017 年 2 月 17 日作出（2016）鲁 15 刑初 33 号刑事附带民事判决，认定被告人于欢犯故意伤害罪，判处无期徒刑，剥夺政治权利终身，并赔偿附带民事原告人经济损失。

宣判后，被告人于欢及部分原审附带民事诉讼原告人不服，分别提出上诉。山东省高级人民法院经审理于 2017 年 6 月 23 日作出（2017）鲁刑终 151 号刑事附带民事判决：驳回附带民事上诉，维持原判附带民事部分；撤销原判刑事部分，以故意伤害罪改判于欢有期徒刑五年。

【案例讨论】

如何认识和评价关于正当防卫法律规则的理解与适用？

【案例点评】

本案中，对正在进行的非法限制他人人身自由的行为，应当认定为刑法第二十条第一款规定的"不法侵害"，可以进行正当防卫；其次，对非法限制他人人身自由并伴有侮辱、轻微殴打的行为，不应当认定为刑法第二十条第三款规定的"严重危及人身安全的暴力犯罪"。在司法实务中，判断防卫是否过当，应当综合考虑不法侵害的性质、手段、强度、危害程度，以及防卫行为的性质、时机、手段、强度、所处环境和损害后果等情节。对非法限制他人人身自由并伴有侮辱、轻微殴打，且并不十分紧迫的不法侵害，进行防卫致人死亡重伤的，应当认定为刑法第二十条第二款规定的"明显超过必要限度造成重大损害"。在防卫过当案件中，如系因被害人实施严重贬损他人人格尊严或者亵渎人伦的不法侵害引发的，量刑时对此应予充分考虑，以确保司法裁判既经得起法律检验，也符合社会公平正义观念。

案例二：吴小秦诉陕西广电网络传媒（集团）股份有限公司捆绑交易纠纷案

原告吴小秦诉称：2012 年 5 月 10 日，其前往陕西广电网络传媒（集团）股份有限公司（以下简称广电公司）缴纳数字电视基本收视维护费得知，该项费用由每月 25 元调至 30 元，吴小秦遂缴纳了 3 个月费用 90 元，其中数字电视基本收视维护费 75 元、数字电视节目费 15 元。之后，吴小秦获悉数字电视节目应由用户自由选择，自愿订购。吴小秦认为，广电公司属于公用企业，在数字电视市场内具有支配地位，其收取数字电视节目费的行为剥夺了自己的自主选择权，构成搭售，故诉至法院，请求判令：确认被告 2012 年 5 月 10 日收取其数字电视节目费 15 元的行为无效，被告返还原告 15 元。

广电公司辩称：广电公司作为陕西省内唯一电视节目集中播控者，向选择收看基本收视节目之外的消费者收取费用，符合反垄断法的规定；广电公司具备陕西省有线电视市场支配地位，鼓励用户选择有线电视套餐，但并未滥用市场支配地位，强行规定用户在基本收视业务之外必须消费的服务项目，用户有自主选择权；垄断行为的认定属于行政权力，而不是司法权力，原告没有请求认定垄断行为无效的权利；广电公司虽然推出了一系列满足用户进行个性化选择的电视套餐，但从没有进行强制搭售的行为，保证了绝大多数群众收看更多电视节目的选择权利；故请求驳回原告要求确认广电公司增加节目并收取费用无效的请求；愿意积极解决吴小秦的第二项诉讼请求。

法院经审理查明：2012 年 5 月 10 日，吴小秦前往广电公司缴纳数字电视基本收视维护费时获悉，数字电视基本收视维护费每月最低标准由 25 元上调至 30 元。吴小秦缴纳了 2012 年 5 月 10 日至 8 月 9 日的数字电视基本收视维护费 90 元。广电公司向吴小秦出具的收费专用发票载明：数字电视基本收视维护费 75 元及数字电视节目费 15 元。之后，吴小秦通过广电公司客户服务中心（服务电话 96766）咨询，广电公司节目升级增加了不同的收费节目，有不同的套餐，其中最低套餐基本收视费每年 360 元，用户每次最少应缴纳 3 个月费用。广电公司是经陕西省政府批准，陕西境内唯一合法经营有线电视传输业务的经营者和唯一电视节目集中播控者。广电公司承认其在有线电视传输业务中在陕西省占有支配地位。

另查，2004 年 12 月 2 日国家发展改革委、国家广电总局印发的《有线电视基本收视维护费管理暂行办法》规定：有线电视基本收视维护费实行政府定价，收费标准由价格主管部门制定。2005 年 7 月 11 日国家广电总局关于印发《推进试点单位有线电视数字化整体转换的若干意见（试行）》的通知规定，各试点单位在推进整体转换过程中，要重视付费频道等新业务的推广，供用户自由选择，自愿订购。陕西省物价局于 2006 年 5 月 29 日出台的《关于全省数字电视基本收视维护费标准的通知》规定数字电视基本收视维护费收费标准为：以居民用户收看一台电视机使用一个接收终端为计费单位。全省县城以上城市居民用户每主终端每月 25 元；有线数字电视用户可根据实际情况自愿选择按月、按季或按年度缴纳基本收视维护费。国家发展改革委、国家广电总局于 2009 年 8 月 25 日出台的《关于加强有线电视收费管理等有关问题的通知》指出：有线电视基本收视维护费实行政府定价；有线电视增值业务服务和数字电视付费节目收费，由有线电视运营机构自行确定。

陕西省西安市中级人民法院于 2013 年 1 月 5 日作出（2012）西民四初字第 438 号民事判决：1. 确认陕西广电网络传媒（集团）股份有限公司 2012 年 5 月 10 日收取原告吴小秦数字电视节目费 15 元的行为无效；2. 陕西广电网络传媒（集团）股份有限公司于本判决生效之日起十日内返还吴小秦 15 元。陕西广电网络传媒（集团）股份有限公司提起上诉，陕西省高级人民法院于 2013 年 9 月 12 日作出（2013）陕民三终字第 38 号民事判决：1. 撤销一审判决；2. 驳回吴小秦的诉讼请求。吴小秦不服二审判决，向最高人民法院提出再审申请。最高人民法院于 2016 年 5 月 31 日作出（2016）最高法民再 98 号民事判决：1. 撤销陕西省高级人民法院（2013）陕民三终字第 38 号民事判决；2. 维持陕西省西安市中级人民法院（2012）西民四初字第 438 号民事判决。

【案例讨论】

如何合理地结合法律规则与法律原则的规定公平公正处理争议？

【案例点评】

被告作为特定区域内唯一合法经营有线电视传输业务的经营者及电视节目集中播控者，在市场准入、市场份额、经营地位、经营规模等各要素上均具有优势，可以认定该经营者占有市场支配地位。然而，经营者利用市场支配地位，将数字电视基本收视维护费和数字电视付费节目费捆绑在一起向消费者收取，侵害了消费者的消费选择权，不利于其他服务提供者进入数字电视服务市场。经营者即使存在两项服务分别收费的例外情形，也不足以否认其构成反垄断法所禁止的搭售。读者可通过分析本实践案例的法律规则适用情况，体悟法律规则与法律原则之间的关系，深化对其的理解。

相关法条：《中华人民共和国刑法》第十七条第一款第五项

第八章

法律关系的基本解读

法律规定的惩罚不是为了私人的利益，而是为了公共的利益；一部分靠有害的强制，一部分靠榜样的效力。

——〔荷〕胡果·格劳秀斯

人类对于不公正的行为加以指责，并非因为他们愿意做出这种行为，而是惟恐自己会成为这种行为的牺牲者。

——〔古希腊〕柏拉图

第一节　法律关系的基本性质和特征

一、　法律关系的概念

　　法律关系在法学理论中可以有效地帮助人们了解各种法律现象，分析法律本质。法律关系这一概念最早可以追溯到罗马私法中的"债"。[①]"债"具有双重含义。双方的这类关系受到国家法律强制力保护，成为"法律上的锁链"。[②]到了十九世纪中后期，大陆法系国家初步形成了法律关系的一般理论，但是由于法律关系这一概念来源于"债"这一私法关系，所以几乎只是作为民法学的概念而存在，德国法学家萨维尼就概括了三大法学部门：亲族法、物权法、债权法，从而与各种法律关系相互对应。[③]在英美法系，奥斯丁、特里等法学家间接引入了法律关系这一概念，后经美国法学家霍菲尔德在《司法推理中适用的基本法律概念》中，对权力义务概念进行系统分析，最终法律关系这一概念被英美法系法学理论所认可吸收。

　　理论界对于法律关系的概念有着不同的解释。萨维尼最早将法律关系定义为：任何一项法律关系都是由法律规则规定的人与人之间的关系。通过法律规则所进行的确定，属于依赖于个人意思的领域，该领域内，个人意思独立于他人意思而居支配地位——它由两部分组成：第一部分是关系本身，称之为法律关系的实质要素；第二部分则是关于该法律关系的法律规定，是法律关系的形式要素。萨维尼的"两要素论"后经过温德夏伊特的研究，对于事实状态是否为必备要件做出了否定的解释。温德夏伊特认为，法律关系是法律上规定的关系，有两种情形，第一种是法律规定存在的法律关系，第二种则是追究法律后果的事实状

---

① 葛洪义主编：《法理学》（第三版），中国政法大学出版社，2007年，第346页。
② 江平、米健：《罗马法基础》，中国人民大学出版社，1991年，第206页。
③ 何勤华，等：《法律名词起源》，北京大学出版社，2009年，第58－59页。

态。① 由此推论出法律关系存在两种形式：① 法律关系是由法律设定的；② 法律后果的事实状态——这是对于法律自身性质的思考，法到底是法律规则还是法律关系体系？② 对于此问题的不同解答构成了法学理论的两大学说："规范说"和"关系说"③。苏联法学家阿列克谢耶夫在《法的一般理论》中对法律关系做了定义："法律关系是根据法律规范产生的、具有主体法律权利和义务的、由国家强制力所保证的人与人之间个体化的社会关系。"我国十一届三中全会之后，思想得到极大解放，对于法律现象的研究突破了原有苏联法学理论的束缚，重新反思、定义法律关系。本书采取通说：法律关系是法律规范调整社会关系过程中形成的人与人之间的权利和义务关系。

法律关系要具备合法性。有人认为法律关系也应当包括违法关系，但是由于法律关系是法律规定的权利义务关系，本身应当是合法的，再将违法关系纳入进法律关系中，容易使人混淆。部分学者将存在不具有合法性质但又具有法律意义的关系，典型的例如同居关系、无效合同等，这些属于事实存在的关系不会被看作法律关系，但是又会被法律所影响，其称之为"法律事实关系"，从而与"法律关系"的概念相互区别。④

二、 法律关系特征

1. 法律关系的产生以法律规范为前提

法律关系本质上属于社会关系，是法律调整人们行为而产生的社会关系，是人与人之间的关系而非人与物之间的关系，但又受到人与物之间关系的制约。法律关系与社会关系不同，社会关系是一个更加庞大的关系集合，有些社会关系，如情侣关系，此类关系不受法律规范的调整；有些社会关系则是法律保护的对象，但本身并不是法律关系⑤；而有些关系最初是被习惯、道德、宗教等形式进行调整的，当时代需求转变，这些关系需要更加强有力的保障时，就被纳入法律所调整的范围，成为法律关系。甚至于还有些法律关系本身并非是以成文法律方

① Windscheid, Lehrbuch der Pandekten1, §37a, S. 165。
② 葛洪义：《法理学》（第三版），中国政法大学出版社，2017年，第347页。
③ 王勇飞、王启富主编：《中国法理纵论》，中国政法大学出版社，1996年，第259页。
④ 王勇飞、张贵成主编：《中国法理学研究综述和评价》，中国政法大学出版社，1992年，第517页。
⑤ 葛洪义主编：《法理学》（第三版），中国政法大学出版社，2007年，第348页。

式确定，而是以社会习惯得到国家事实上的肯定而存在的。

虽然在某些情况下，如中华人民共和国成立之初、社会生产力飞跃式发展导致生产关系出现较大变化的情形下，法律规范的建立并不是那么迅速。很多时候是先对某一个案件问题形成一个判决或者下达一个国家命令，然后随着时间推移，类似案件不断增加，最终形成普遍有效的法律文件。例如在宋代，皇帝颁布的敕令是皇帝对于特定的人和事所做的命令，将一个个单行的敕令整理成册，称之为编敕，编敕之后的敕令就变为一般法律。虽然似乎对于个案中的法律关系的存在先于法律规范，但仅仅只是法律规范的表现形式不同而已。

2. 法律关系是法律主体之间的权利义务关系

法律主体之间的权利义务关系即是法律关系中的具体内容，这种权利义务依靠法律明确规定或者法律授予当事人在一定限度内的约定的权力。在法律关系中，法律事实、权利、义务及指向的对象都是具体的，而不是像在法律规范中是抽象的，所以法律关系能够将法律规范中的权利义务具体化、现实化。① 最典型的买卖合同，出卖方承担交付货物的义务和收取价金的权利，买受方则承担支付价金的义务和收取货物的权利——对于一方的权利来说，必须要有另一方的义务与之相对应，否则权利只会是海市蜃楼；同样，如果一方的义务没有另一方的权利相联系，所谓的义务就没有存在的必要。

法律关系用权利和义务来规范社会中的现实活动，使得社会活动能够有序进行。一般说来，法律关系内容与实际社会内容一致，例如买卖合同达成。但是由于复杂的现实，存在着虽然有法律关系，但社会内容无法得到实现。例如买卖特定古董，虽然有着买卖的法律关系，但如果古董已经毁损，就无法实现。

3. 法律具有意志性

"在社会历史领域内进行活动的，是具有意识的、经过思虑或凭借激情行动的、追求某种目的的人；任何事情的发生都不是没有自觉的意图，没有预期的目的。"② 人类建立社会关系，都是有预期和目的的。法律关系是具有意志性的特殊社会关系。法律关系能够随着人们的意志产生、变化、消灭，是法律形式与社会内容的结合。法律规范本身是国家意志的体现，法律关系是以法律规范为基

① 沈宗灵主编：《法理学》（第二版），高等教育出版社，2004 年，第 378 页。
② ［德］马克思、恩格斯：《马克思恩格斯选集》第四卷，中共中央马克思恩格斯列宁斯大林著作编译局编译，人民出版社，1995 年，第 247 页。

础，所以，法律关系也具有国家意志。

法律关系不仅仅具有国家意志，也具有法律关系主体的意志——法律关系的实现是需要法律关系主体的意志来决定的，法律关系主体的意志决定了法律关系中权力义务在社会中的具体履行。[1] 例如法律规范中需要合意达成才能成立的法律关系——租赁、买卖、加工等，这些法律关系的实现或者履行需要法律关系主体达成合意或者做出行为才能完成；还有一些法律关系的产生不以人的意志为转移，例如风暴、地震、海啸等事件，此类事件的发生会导致后续如赔偿、补偿、宣告死亡等法律关系的产生，而这些法律关系的产生和实现，是需要法律关系主体的主观意志来做出行为的。

法律关系的国家意志和法律关系主体的意志是相互影响的：一方面，法律关系的国家意志引导法律关系主体的个体意志，保护和确认法律关系；另一方面，法律关系的实现必须要法律关系主体的参与才能实现，否则，法律规定的法律关系只会是空洞的幻想，法律中国家意志的体现需要个体从实际社会中体现。

最后，法律关系在具有意志性的同时，依然具有客观性。法律关系并非人们凭空捏造的，它往往是以现实社会关系的存在为基础。如奴隶社会存在的法律关系受到当时存在的生产关系、生产力制约，从而与资本主义的法律关系有着巨大不同。

第二节 法律关系的主体和客体

一、法律关系主体

法律关系的主体是指法律关系的参加者，即在法律关系中享有权利者和负担义务者，享有权利的被称为权利人，负担义务的被称为义务人。

法律关系主体是由法律规定的。相较于其他社会关系主体，法律主体的最大

---

[1] 葛洪义主编：《法理学》（第三版），中国政法大学出版社，2007 年，第 349 页。

的特色就是与法律规范紧密联系。例如根据《民法总则》第十七条至第二十四条，无民事行为能力人包括不满十八周岁的未成年人和不能辨认自己行为的成年人。又例如根据《刑法》，十四周岁以下的未成年人犯罪的，不负刑事法律责任——这意味着在中国刑事法律关系的主体不包括十四周岁以下的未成年人。从上述例子中可以看出，法律关系主体的定义是由法律规定的，而且对于不同法律而言，法律关系主体也是存在差别的。

法律关系主体的确定不是任意的，是由一定的物质生活条件决定的。例如在奴隶社会，奴隶是"物"，是法律关系中权利义务所指向的对象，而不能作为法律关系的主体，只有奴隶主或者平民才有资格成为法律关系的主体。在传统中国，自然经济发达，商品经济薄弱，难以孕育出"法人"这一法律概念。而在欧洲地区，从最初"米兰诏令"建立起来的教会财产制度，到资本主义繁荣，对于一个能够以自己名义承担民事义务、行使民事权利的社会团体存在的需求日益迫切，"法人"这一法律概念符合了社会发展的需要。因此从本质上来说，法律关系是以生产关系为基础的。①

根据中国法律规定能够参加法律关系的主体包括以下几类：

1. 自然人

自然人是最基本的民事主体，是自然状态下出生的人，而公民是自然人中最基本的权利主体，在我国，凡是取得中华人民共和国国籍的人都是公民基本权利和义务的承担者。公民包括本国公民、外国公民及无国籍人。在中国，公民能够参与多种法律关系，包括自然人与自然人之间、自然人与企业、事业组织、社会团体、国家机关之间发生的法律关系。

2. 法人

根据《民法总则》第五十七条的规定，法人是具有民事权利能力和民事行为能力，依法独立享有民事权利和承担民事义务的组织。在中国通常包括这三类：① 营利法人，以取得利益分配给股东、出资人为目的成立的法人。主要包括有限责任公司、股份有限公司等。② 非营利法人，为公益目的或者其他非营利目的成立的，不向出资人、发起人、成员分配利润的法人。主要包括事业单位、基金会、社会服务机构等。③ 特别法人，根据《民法总则》的规定，主要有机关法人、村集体组织法人、城镇农村的合作经济组织法人和基层群众性自治

---

① 沈宗灵主编：《法理学》（第二版），高等教育出版社，2004年，第385页。

组织法人。

3．非法人组织

非法人组织是指不具有法人资格，但是可以以自己名义进行民事活动的组织。《民法总则》中规定，非法人组织是独立的民事主体。主要类型有个人独资企业、合伙企业及不具有法人资格的专业服务机构。

4．国家

在某些特定的法律关系中，国家也是法律关系的主体。例如国债的发行与购买、金钱借贷、军事冲突等，国家都会成为法律关系的主体。

二、 法律关系客体

法律关系客体是指法律关系主体的权利和义务所指向的对象，权利人的权利指向的对象和义务人的义务指向的对象是同一的，例如买卖交易中，支付的价金和收取的货款是同一的。从哲学角度来说，法律关系客体具有客观性，独立于人的意识并能够被人的行为支配或者被人感知。从法律角度来说，并非所有的客体都是法律关系客体，它要能够满足权利人的物质需求或者心理需求，同时也要能够被法律规范所保护和认可。如果客体不被法律认可与保护，那么它并不是法律关系的客体，例如贩卖毒品，虽然满足了双方的权利和义务，但是贩毒者和买家之间不存在可以保护的买卖关系。

随着时代发展，权利义务的类型不断增加，对应的法律关系客体种类也不断扩大，许多新的社会现象被纳入法律关系客体的范围内，例如知识产权、因互联网兴起出现的新型法律关系。在资本主义社会，几乎一切都可以成为法律关系的客体，但是在我国，许多不符合社会主义内涵和公序良俗的社会物质财富不被认为是法律关系的客体——典型的如淫秽物品的著作权、人口买卖。

不同法律关系之间，客体也具有不同的特点。在绝对法律关系中，典型的如所有权，义务人负有消极的不作为义务，不能侵犯权利人的权利，而权利人取得自身利益需要依靠自身行为，例如租赁、出卖、担保等。一般而言，绝对法律关系中，法律关系的客体是现存的财富，处于稳定状态，并且价值本身与获得利益的行为无关。

在相对法律关系中，权利人权利的实现必须要通过义务人的积极行为才能完成。所以和绝对法律关系不同，相对法律关系的客体不是现存的财富，它的价值体现一般需要通过义务人的行为才能实现，不仅仅是"物"，也包括一定的行为，能够使得权利人满足。例如在债权法律关系中，权利人请求义务人履行给付义务，债权关系的实现是需要相对方的配合才能完成的。

1. 物

从法律角度来说，物是指能够受法律主体支配的，非人本身的，能够满足人需求的客观物体。物的种类多样，可以分为天然物和人造物——天然物如矿藏、森林、水流，人造物如衣服、飞机、潜艇等。也可以分为有体物和无体物——有体物如房屋、煤炭，无体物例如电力、无线电波等。但是随着时代的发展，洁净的空气、个人信息都有可能会成为法律意义上的"物"。

2. 非物质财富

通常而言，非物质财富可以分为两种，一种是指人脑力劳动产生的知识性成果，能够通过某种媒介载体进行记录和传播，典型的如知识产权——与物的性质不同，其价值和利益在于承载的知识、标志、技术及其他内容。第二种非物质财富则是与人身紧密联系，包括名誉、荣誉、名称、肖像等，典型的如明星代言。

3. 行为结果

行为结果是指一定行为造成的状态，在部分法律关系中，特定的行为结果能够满足法律主体利益要求，就能成为法律关系，典型的例证为劳务关系。通常行为结果有两种，一种是结果实物化，例如加工、建筑等；另外一种则是行为到一定程度，产生了法律主体满意的结果，例如医疗中的复健、各类培训班等。

第三节　法哲学实践课堂

主题一　专题研讨会：法律关系专题研讨

【实践形式】

专题研讨会

【实践目标】

本环节的实践活动安排在第一节"法律关系的基本性质和特征"的课堂教学完成之后。通过本次研讨会，使学生在大体了解法哲学的基本结构的基础上，重点思考何谓法律关系，究竟应该如何理解法律关系的特殊性质。要使学生明确法律关系与社会关系之间的关系，深化对法律关系的认识。

【实践设计】

1. 活动准备

首先，将学生进行分组，5 人左右一组。

其次，明确提出研讨会的主题和学生要思考的问题：法律关系是否存在现实基础？法律关系与其他社会关系的异同。

最后，让学生带着问题阅读参考资料《法与国家的一般理论》及其他相关文献，规定阅读完成的时间，明确阅读的具体要求，并引导每组学生做好材料收集。

2. 活动组织

时间：2 课时

地点：教室

各小组先展开讨论，讨论结束后，每组推荐 1~2 名代表发言；学生代表发言结束后，教师进行点评，引领学生对问题做进一步思索，达成对理论的更深层面解读。

【实践成果】

研讨会结束后，每位学生撰写一份研讨会的总结报告，字数要求在 2000 字以上。

【实践评价】

本次实践成绩的评定，主要依据以下几个方面的情况：

1. 材料准备情况。材料准备详实、充分为优秀；材料准备比较充分为良好；材料准备不充分为合格；没有准备为不合格。

2. 分组讨论和发言情况。能够积极参与、踊跃发言且观点清晰为优秀；参与比较积极、发言比较踊跃、观点比较清楚为良好；能够参与发言，但态度不够端正为合格；不参与发言为不合格。

3. 总结报告完成情况。提交的总结报告分析深刻、有理有据、能够理论联系实际为优秀；总结报告分析比较深刻、观点比较充分为良好；总结报告比较马虎为合格；没有总结报告或者非常马虎、草草了事为不合格。

【思考问题】

1. 什么是法律关系？法律关系与其他社会关系的区别是什么？

2. 法律关系的主体有哪些？

3. 如何认识国家与法律之间的关系？

4. 现代国家对其国内公民应当承担怎样的法律责任？

【参考资料】

［奥］汉斯·凯尔森：《法与国家的一般理论》，沈宗灵译，商务印书馆，2017 年。

主题二　读书报告会：法律关系中权利义务分析的学习体会

【实践形式】

读书报告会

【实践目标】

本环节的实践活动安排在第二节"法律关系的主体和客体"的课堂教学完成之后。通过本次读书报告会，使学生对法律关系规制的范围、作用的对象等有一个更加深入的了解。

【实践设计】

1. 活动准备

首先，在第三节的课堂教学开始前，让学生课下阅读下列文献资料：

（1）张文显：《法哲学范畴研究》（修订本），中国政法大学出版社，2011年，第三章。

（2）尼·格·亚历山大洛夫：《苏维埃社会中的法律和法律关系》，宗生、孙国华译，中国人民大学出版社，1958 年。

（3）王勇飞、张贵成主编：《中国法理纵论》，中国政法大学出版社，1996 年。

（4）C. C. 阿列克谢耶夫：《法的一般理论》，黄良平、丁文琪译，法律出版社，1991 年。

其次，提出在阅读相关文献时应关注的几个问题：法律关系基本内涵的形成和发展，法律关系的功能作用等。

最后，给学生简单讲解一下相关文献。

2. 活动组织

时间：4 课时

地点：教室

完成第三节的课堂教学后，先召开读书报告会，互相交流心得体会；然后教师点评，引领学生对问题做进一步思索，达成对理论的更深层面解读。

【实践成果】

读书报告会结束后，每位学生撰写一份读书报告，字数要求在 2000 字以上。

【实践评价】

本次实践成绩的评定，主要依据以下几个方面的情况：

1. 文献准备和阅读情况。文献准备详实、阅读认真为优秀；文献准备比较充分、阅读较认真为良好；文献准备不充分为合格；没有准备为不合格。

2. 心得体会交流时的情况。能够积极参与、踊跃发言且观点清晰为优秀；参与比较积极、发言比较踊跃、观点比较清楚为良好；能够参与发言，但态度不够端正为合格；不参与发言为不合格。

3. 读书报告完成情况。提交的读书报告分析深刻、有理有据、能够理论联系实际为优秀；读书报告分析比较深刻、观点比较充分为良好；读书报告比较马虎为合格；没有读书报告或者非常马虎、草草了事为不合格。

【思考问题】

1. 法律关系的内容是什么？

2. 权利与义务之间有着怎样的联系？

3. 权利之间是否存在冲突？如何解决冲突？

4. 如何在保障公民权利的同时，规范其义务的履行？

5. 公民行使权利是否存在限制？

【参考资料】

[美] 埃德加·博登海默：《法理学、法律哲学与法律方法》，邓正来译，中国政法大学出版社，1999 年。

主题三 专家讲堂：第一性法律关系与第二性法律关系

【实践形式】

专家讲堂

【实践目标】

本环节的实践活动通过邀请专家学者对第一性法律关系和第二性法律关系的演进历史、认识内涵、理论视域等问题进行专题讲座，帮助学生明晰两种法律关系并了解它们之间的联系与区别。

【实践设计】

1. 活动准备

（1）邀请并确认进行讲座的专家及讲座题目。

（2）提前告知学生讲座题目，要求学生阅读参考资料《法哲学范畴研究》及相关经典文献和历史资料，整理好问题，做好相关准备工作。

（3）通知学生讲座的时间、地点，并安排好入场顺序和就座事宜。

2. 活动组织

（1）教师主持并动员学生认真听讲，做好记录，积极准备发言。

（2）专家讲座。

（3）学生提问，与专家进行互动。

（4）教师总结发言。

【实践成果】

专家讲座结束后，每位学生上交一篇心得体会报告，要求学生独立思考完成，有自己的观点及论据阐述，字数在2000字以上。

【实践评价】

本次实践成绩的评定标准主要依据以下几个方面的情况：

1. 文献准备和阅读情况。文献准备详实、阅读认真为优秀；文献准备比较充分、阅读较认真为良好；文献准备不充分为合格；没有准备为不合格。

2. 专家讲座时的情况。能够积极参与、踊跃提问和发言且观点清晰为优秀；参与比较积极、提问和发言比较踊跃、观点比较清楚为良好；能够参与讲座，但态度不够端正为合格；不参与讲座为不合格。

3. 心得体会报告完成情况。提交的心得体会报告分析深刻、有理有据、能够理论联系实际为优秀；心得体会报告分析比较深刻、观点比较充分为良好；心得体会报告比较马虎为合格；没有心得体会报告或者非常马虎、草草了事为不合格。

【思考问题】

1. 法律关系的分类有哪些？

2. 第一性法律关系与第一性法律关系的区别是什么？

3. 第一性法律关系与第二性法律关系的分类标准与其他法律关系的分类标准有何不同？

【参考资料】

张文显：《法哲学范畴研究》，中国政法大学出版社，2001年。

第四节　精选案例

案例一：月球土地买卖

20 世纪 80 年代，美国加州商人丹尼斯·霍普发现联合国 1967 年制定的《外层空间条约》有漏洞，丹尼斯·霍普向当地法院、美国、苏联和联合国递交了一份所有权声明，宣布丹尼斯·霍普为月球、太阳系除地球外的 8 大行星及其卫星的土地拥有者。如今他创建的"月球地产"拥有众多名客户，这其中包括众多的好莱坞明星。

2005 年 10 月 14 日，北京市工商行政管理局发现北京月球村航天科技有限公司从事月球土地销售活动。同日，予以立案调查。查明自 2005 年 10 月 14 日至 28 日月球村公司向雷某某、王某、程某某等 33 人出售"月球土地"48 英亩，每英亩售价为人民币 298 元，销售款共计人民币 14304 元。市工商局认为月球村公司的上述行为违反了《投机倒把行政处罚暂行条例》的规定，于 2005 年 12 月 21 日作出京工商朝处字（2005）14380 号行政处罚决定，对其罚款 5 万元并吊销营业执照。

法院经审理认为，市工商局作为工商行政管理机关为了维护正常的市场经济秩序，可以对特定的物作出行政强制措施。被告市工商局具有对投机倒把行为人实施行政处罚的法定职权。原告在市工商局处依法登记、取得法人资格，市工商局是原告的公司登记机关，对原告的投机倒把一案有管辖权。原告销售的月球土地并不具有合法的所有权，月球土地也不具有商品的特性，且月球村公司以每英亩 2 美元的价格从丹尼斯霍普处购买月球土地，以每英亩人民币 298 元的价格卖出，赚取高额非法利润，已经扰乱了正常的市场经济秩序。因此，市工商局认定月球村公司销售月球土地的行为构成投机倒把嫌疑并无不当。此外，市工商局在对原告月球村公司作出行政处罚决定的过程中，履行了相关的行政程序，符合相关法律规范的规定。鉴此，法院判决驳回原告北京月球村航天科技有限公司的诉讼请求。

【案例讨论】 如何认识和理解月球土地买卖关系的法律性质？

【案例点评】 人类已经登上月球，在将来也有可能有能力和意愿去开发月球上的资源，包括土地。但就目前而言，月球上的资源依然是不可支配的。为了全人类的利益，国际法规定了任何国家不享有月球及其他除地球以外天体的所有权。月球是物理意义上的物，而不是法律上的物。北京一中院后驳回北京月球村航天科技有限公司的上诉请求，主要理由在于，虽然《外层空间条约》中，并未明确写明个人可以拥有外层空间天体，但是条约中明确写明国家不能成为其他天体的拥有者，作为国家的公民、组织也是无权主张月球所有权。

从民法来说，法无禁止即自由。对于法律漏洞的处理，要从立法目的等角度对法律进行扩张或者限缩解释。对于不常见关系主体和客体首先要考察是否存在主体资格和客体资格。

案例二：荷花女案

吉文贞，1925 年 6 月出生在上海一个曲艺之家，自幼随父学艺演唱，从 1940 年起在天津登台演出，曾红极一时，1944 年病故。

1985 年起，魏锡林拟以吉文贞为原型人物创作小说。创作中，魏锡林曾几次寻访了陈秀琴（吉文贞之母）、吉文利（吉文贞之弟），了解吉文贞生平及其从艺情况，并索要了其生前照片。1987 年初，这部由魏锡林自行创作，总计约 11 万字的小说《荷花女》完稿，并被投稿于《今晚报》。《今晚报》副刊自 1987 年 4 月 18 日至同年 6 月 12 日对小说配插图进行连载，每日一篇，共计 56 篇。小说在内容中使用了吉文贞的真实姓名和艺名，内容除部分写实外，还虚构了部分有关生活作风、道德品质的情节。在小说连载过程中，陈秀琴及其亲属以小说损害了吉文贞的名誉为由，先后两次找到报社要求停载。《今晚报》以报纸要对广大读者负责为由拒绝，并在同年 8 月召开的小说笔会上授予该小说荣誉奖。

1987 年 6 月，陈秀琴向天津市中级人民法院起诉，以魏锡林未经其同意在创作发表的小说《荷花女》中故意歪曲并捏造事实，侵害了已故艺人吉文贞和自己的名誉权，《今晚报》以未尽审查义务致使损害扩大为由，提起诉讼，要求停止侵害，恢复名誉，赔偿损失。

魏锡林认为，小说《荷花女》虽然虚构了部分情节，但并没有降低"荷花女"本人形象，反而使其形象得到了提高；另"荷花女"本人已死，陈秀琴不是正当原告，无权起诉，并提起反诉。《今晚报》认为，报社按照"文责自负"的原则，不负有核实文学作品内容是否真实的义务。

天津中院在近两年的审理期间，走访了天津曲艺团、中国作家协会权益保障委员会等地，查证了当年邻居、作家、曲艺演员、观众等 17 个证人，参照文化部颁发的《图书、期刊版权保护试行条例》第十一条"关于作者死亡后，其署名等权利受到侵犯时，由作者的合法继承人保护其不受侵犯"的规定精神，认定公民死亡后，虽然丧失了权利能力，但其生前享有的名誉权利仍受法律保护。损害死者名誉的同时，也会使其在世亲属的名誉受到损害。因此公民死亡后，其名誉权受到侵害时，有直接利害关系的亲属有权提起诉讼，故"荷花女"之母陈秀琴有权提起诉讼。魏锡林所著《荷花女》体裁虽为小说，但作者使用了吉文贞和陈秀琴的真实姓名，其中虚构了有损吉文贞和陈秀琴名誉的一些情节，其行为侵害了吉文贞和陈秀琴的名誉权，应承担民事责任；《今晚报》对使用真实姓名的小说《荷花女》未作认真审查即予登载，致使损害吉文贞和陈秀琴名誉的不良影响扩散，也应承担相应的民事责任。

【案例讨论】 在诉讼法律关系中，死者专有的人格权能否由近亲属来请求保护？

【案例点评】 本案为中国死者名誉权保护"第一案"，后又有"海灯法师"案，以及"狼牙山五壮士名誉侵权案"等，都是死者的名誉受到侵害，其近亲属提出诉讼。对于死者是否有名誉权、荣誉权等人格权，国内外观点较多。在本案中，最高法在 1989 年 4 月 12 日，对此作出了《最高人民法院关于死亡人的名誉权应受法律保护的函》，其中第一条就是死者在死后有名誉权。目前来说，有两种主要观点：一种是死者不具有人格权，但近亲属可以就身份关系，将侵害死者人格权给自己的人格权造成损害为由提出请求；另外一种就是死者具有人格权，将自然人权利"始于出生，终于死亡"这一范围扩大。

对于死者权利的保护，符合以血统为基础，以感情为纽带的我国传统家庭文化，侮辱死者人格、荣誉，在中国传统文化中是一件难以忍受的道德问题，对于是否将其上升到法律层面这一问题，笔者认为对于死者权利的保护可以走出符合我国文化特点的道路，形成一套以公序良俗为基础的人格权保护体系，使得维护死者权益不再遇到无法可依的境地。

第九章

法律责任的认定

法律的生命不在于逻辑， 而在于经验。

——〔美〕 奥利弗·温德尔·霍姆斯

刑罚的威慑力不在于刑罚的严酷性， 而在于其不可避免性。

——〔意〕 切萨雷·贝卡利亚

第一节　法律责任的分类

法律责任是一个复杂的理论，在我国主流法学理论中，"法律责任"的定义概述不尽相同。孙笑侠认为，"法律责任首先表示为一种关系的存在，其次表示责任形式。"① 沈宗灵认为，法律责任有两层含义：第一，相当于义务。第二，指有违约行为或违法行为，也即未履行法定义务，或仅因法律规定，而承受某种不利的法律后果。② 张文显将法律责任定义为"由于侵犯法定权利或者法定义务而引起的、由专门国家机关认定并归结于法律关系的有责主体的、带有直接强制性的，亦即由于违反第一性的法律关系而招致第二性的法律关系"③。我国台湾地区学者洪福增认为，法律责任有"主观意义之责任"和"客观意义之责任"两类。

我国目前对于法律责任有以下几个学说：

1. 义务说

义务说目前分为"义务说"和"新义务说"。《布莱克法律词典》对于法律责任的定义为："因某种行为而产生的受惩罚的义务及对引起损害予以赔偿或用别的方法予以补偿的义务。"④ 而张文显在此基础上，提出了上文的"新义务说"，又称"第二性义务说"，即因违反第一性义务导致第二性义务产生。

2. 处罚说

法律责任被定义为处罚或者惩罚。英国法学家哈特指出："当法律规则要求人们做出一定的行为或抑制一定的行为时，（根据另一些规则）违法者因其行为应受到惩罚，或者强迫对受害人赔偿。"汉斯·凯尔森认为，"法律责任的概念是与法律义务相关联的概念，一个人在法律上对一定行为负责，意思就是，如果作相反的行为，他应受制裁。"⑤

---

① 孙笑侠：《法的现象与观念》，群众出版社，1995 年，第 202 页。
② 沈宗灵主编：《法理学》（第二版），高等教育出版社，2004 年，第 409 页。
③ 张文显：《法学基本范畴研究》，中国政法大学出版社，1993 年，第 187 页。
④ 《布莱克法律词典》，美国西部出版社，1983 年，第 1197 页。
⑤ ［奥］汉斯·凯尔森：《法与国家一般理论》，中国大百科全书出版社，1996 年，第 73 页。

3. 资格说

资格说认为法律责任是一种主体资格。苏联法学家巴格里沙·赫马托夫认为"责任乃是一种对自己行为的负责，辩认自己的行为、认识自己行为的意义，把它看作是自己的义务的能力。"①

4. 后果说

后果说将法律责任定义为某种不利后果。林仁栋认为，"法律责任是指一切违法者，因其违法行为，必须对国家和其他受到危害者承担相应后果。"② 后果说很好地解释了违法行为和法律责任之间存在的因果关系。

引起法律责任条件，一般是有违法行为。即行为主体具有法定责任能力，以故意或者过失的心态，实施了违法行为，侵害了法律所保护的客体。违法行为存在的前提是法律有明确的规定，因而根据法律的性质来划分是一种较为简单明确的方法，一般可以将法律责任分为以下几类。

（1）违宪责任

通常来说，一切违法行为都是违反宪法的，要承担违宪责任，但在实际运行过程中，针对的对象主要是国家机关和公职人员。违宪责任的特点在于其属于政治上的责任。

违宪行为可以分为抽象违宪行为和具体违宪行为，抽象违宪行为主要是指国家机关制定的规范性文件的内容与宪法条文和原则相违背；具体违宪行为是指国家机关中工作人员在行使职权过程中实施了违反宪法条文和原则的内容。

在美国，通过"马伯里诉麦迪逊"一案，确立了美国违宪审查是由法院来进行的，主要是审查国会通过的法律是否符合宪法，一旦出现法律或者法令违背宪法，法院可以宣告其无效。而在其他西方国家，违宪责任是由宪法法院（如德国）或者宪法委员会（如法国）来确定的。违宪责任的后果一般是使得某一法律、法令失效。

在中国，"宪法司法化"第一案是齐玉苓案。齐玉苓被冒名顶替上学，丧失了继续受教育的机会。法院依照《宪法》中受教育权进行裁判，但后又被最高法院废除，并在 2006 年发布的《人民法院裁判文书制作规范》中明确规定："裁判文书不得引用宪法和各级人民法院关于审判工作的指导性文件、会议纪要、各审

---

① ［苏］巴格里·沙赫马托夫著：《刑事责任与刑罚》，韦政强，等译，法律出版社，1984 年，第 2 页。

② 林仁栋：《马克思主义法学的一般理论》，南京大学出版社，1990 年，第 186 页。

判业务庭的答复意见以及人民法院与有关部门联合下发的文件作为裁判依据，但其体现的原则和精神可以在说理部分予以阐述。"这意味着在中国，《宪法》将不可能直接作为裁判依据，违宪责任由全国人民代表大会及其常务委员会来确定。

（2）刑事责任

承担刑事责任是犯罪的后果。犯罪是指触犯刑事法律规定，依法应受刑法处罚的行为。从主观方面来说，年龄达标、精神状态正常的人故意或者过失犯罪，要承担刑事责任；从客观方面来说，行为人实施了具有社会危害性并且危害了刑法所保护的社会权益的行为，行为人就应当承担刑事责任。

刑事责任可以说从奴隶社会就已经出现，虽然并没有在具体的法律条文中明确列出，但基本上存在"以牙还牙，以眼还眼"此类同态复仇情形，并将损害结果纳入刑罚的考量之中。我国古代并无完善的刑事责任的概念，统治者对于故意和过失的处理仅仅停留在刑罚幅度上，基本上是以结果来进行定罪，以故意过失和情节来量刑，[①] 再加上"礼"也能调整保护社会关系，导致我国古代刑事法律理论发展深度不够。

3. 民事责任

民事责任是指民事主体违反合同内容或者不履行其他民事义务所应承担的民事法律后果。民事责任本质上是对当事人的一种补偿责任，具有强制性和一定的任意性，主要是承担财产责任。[②]

在近代民法责任中，过错原则占主体地位，即使是到今天，过错原则依然是中国民法中民事责任归责的主要方式。但是从自由资本主义到垄断资本主义发展的期间，社会本位的立法思想逐渐影响各国立法，20 世纪以后，无过错责任原则逐渐成为民法责任中重要的归责原则。

根据《民法通则》第一百〇六条规定："公民、法人违反合同或者不履行其他义务的，应当承担民事责任。公民、法人由于过错侵害国家的、集体的财产，侵害他人财产、人身的应当承担民事责任。没有过错，但法律规定应当承担民事责任的，应当承担民事责任。"可以看出我国民事责任承担原因主要有三种：第一种是侵权行为；第二种是违约行为；第三种是依照法律规定承担民事责任。违约行为是违反了当事人合意达成的义务，侵权行为则是直接违反了法律规定的义

---

① 何勤华等：《法律名词的起源》（上），北京大学出版社，2009 年，第 345 页。
② 姚辉主编：《民法教学参考书》，中国人民大学出版社，2005 年，第 1242 页。

务，二者都是违反法律规定。但是也存在无违法行为，但依然承担民事责任的情况，典型例证就是公平责任的存在——当事人对造成损害都没有过错的，可以根据实际情况，由当事人分担民事责任。

4. 行政责任

行政责任是指违反了行政法而承担的法律责任。可以分为两种，一种是法律主体因违反行政法规受到国家机关的制裁，一般来说，被惩罚的对象是公民、企事业单位、社会团体等，通常引起行政处罚，主要方式有罚款、拘留、吊销执照等。行政处罚能够很好地弥补民事责任和刑事责任处罚之间的空白。另外一种是行政内部责任，主要是国家机关工作人员违反行政机关内部法规，通常会引起行政处分，典型的行政处分有六种：警告、记过、记大过、降级、撤职和开除。

但是除了违法行为之外，法律规定的其他事实也可能引起法律责任，但行为本身并不违法，例如企业处于垄断地位，即使没有违法行为，依然要承担法律责任。

第二节　法律责任的因果关系

因果关系是客观世界普遍联系和相互制约的表现形式之一。因果关系具有两个特点，一是客观性，即因果关系的存在不以人的意志为转移；二是特定性，即原因和结果之间存在着引起和被引起的关系，无关的原因不会引起无关的结果。任何自然现象和社会现象都有其产生的原因，而法律作为一种社会现象，自然存在因果关系。

法律是用来规范行为的，而行为与结果之间关系的认定必然影响着人们的权利行使及义务的承担，尤其是对于义务责任的承担有重要影响。

由于在法律中不可能对于因果关系规定得面面俱到，在司法实践中，一般是依靠常识来进行裁判。但是随着案件关系复杂化，以及不同裁判者对于因果关系理解的差异，导致对于因果关系准确判定的需求日渐增加。大陆法系对于因果关系的理论成果较多，对我国因果关系学说的发展起着引导作用。下面是大陆法系国家比较通行的关于因果关系的学说。

1．条件说

大陆法系中，法律的"条件说"与哲学中的因果关系观点较为类似，即"无 A 即无 B"。行为与结果之间只要存在事实上的因果关系，就应当承担法律责任。但此学说的弊端在于事实层面因果关系的无限扩大，典型的就是"杀人犯的母亲"这一例子，杀人犯母亲产下婴孩，婴孩长大后杀人，这一因果关系从逻辑推演角度来说并无不妥，但是从法律责任承担的角度来说，显然让杀人犯的母亲承担法律责任是无法让广大民众接受认可的。但是立法者也注意到了这些问题，在此基础上添加了"故意""过失"等种种因素，限制了法律适用的范围，[1] 从责任承担角度来说，条件说在德国等一些国家成为通说是有理论基础的。

2．原因说

原因说是将原因和条件进行区别的学说。由于事件的发生往往是由多重因素或条件共同产生的，将其中最为重要的条件作为事件发生的原因，而其他条件作为事件产生的一般条件。例如在纵火案中，将纵火行为作为纵火事件的原因，而其他例如"天气干燥""存在易燃物"等作为普通条件。原因说限缩了因果关系的外延，弥补了条件说的部分缺憾，但是原因说依然存在弊端——如何区分最重要的原因和其他条件？这涉及价值评价，到底是选择直接引起结果的条件作为原因，还是对结果发生最有效力的条件作为原因[2]——在实务中会造成混乱，对于法律的可预见性是一种伤害。

3．相当因果关系说

在条件说的基础上，德国生理学家冯·克里斯将概率论的观点应用到法律中的因果关系领域。其立意被很多法学家所接受，一开始是在侵权领域，后来逐步扩展到刑法部门。相当因果关系是指：行为人在其所在的环境及符合自身认知水平的情况下，认为某行为能够造成某一后果，而其行为确实造成了后果，则该行为与结果之间有着因果关系。相当因果关系是一个可能性的判断，对于逻辑推演的要求相对而言较低。但是此学说会在主观上将因果关系范围缩小，[3] 例如在特异体质类案件中，行为人施以较为微小的损害行为，如辱骂，导致受害人血压升高，脑出血死亡，按照相当因果关系，行为人一般不会预见辱骂他人而致死的情

---

① 周光权：《刑法中的因果关系和客观归责论》，《江海学刊》，2005 年第 6 期。
② 陈兴良：《刑法因果关系研究》，《现代法学》，1999 年第 5 期。
③ 范利平：《侵权法上因果关系研究》，《现代法学》，2004 年第 6 期。

形，所以行为和结果之间没有因果关系。很明显，对于受害者来说这是不公平的。相当因果关系在民法中应用较多，成为多个国家的通说观点。

4. 客观归责论

客观归责论主要应用领域是刑法。以"条件说"为前提，客观归责论是指在与结果有条件关系的行为中，当行为制造了不被允许的危险，而且该危险是在符合构成要件的结果中实现（或在构成要件的保护范围内实现）时，行为与结果之间有因果关系。① 客观归责论的出现打破了相当长一段时间内理论界对于相当因果关系的依赖，很好地解决了相当因果关系在刑法上的部分缺陷。客观归责论解决的已不是因果关系的本体问题，而是"结果责任"的归属问题。②

在中国，由于受到苏联的影响，尤其在刑法部门，形成了中国特有的刑法上的因果关系：

① 必然因果关系

必然因果关系学说是指只有当危害行为中包含着危害结果产生的根据，并合乎规律地产生了结果时，实行行为与结果之间才是必然的因果关系，而且也只有这一因果关系，才是刑法上的因果关系。这一学说要在实务中从危害行为中找到与结果对应的原因，除了原因行为以外的其他因素只能作为条件，不能进行刑法归责，这大大增加了司法成本。例如在医疗事故犯罪中，存在着这样一类情形——病症与过失行为并存，但到底是病症本身发作还是过失行为导致的危害结果，以现有医疗水平来说是难以判定的。若采用必然因果关系学说，再根据刑事诉讼中疑罪从无的原则，应受惩罚的医护人员逃避了刑法处罚。必然因果关系还从根本上限制了因果关系的范围，因而不能正确地确定刑事责任的范围。③ 例如案件属于多因一果的情形，数个原因都能对危害结果的发生产生决定性的影响，此时判定将会成为司法实务界的难题，可能会造成案件审判不公。

② 偶然因果关系

偶然因果关系指一个行为本身并不能包含可以导致某种结果发生的必然性，但是行为不断发展，偶然地与另外一个因果关系产生了交叉，后来介入的因果关系符合一般规律地引起了危害结果，此时前一行为与最后的危害结果之间存在着

---

① 陈兴良：《从归因到归责：客观归责理论研究》，《法学研究》，2006 年第 2 期。
② 储槐植、汪永乐：《刑法因果关系研究》，《中国法学》，2001 年第 2 期。
③ 高铭暄等主编：《刑法学》，北京大学出版社、高等教育出版社，2000 年，第 84 页。

因果关系。[①] 例如，甲想要强奸乙，乙逃到了公路上，一辆正常行驶的汽车驶过，虽然司机踩了刹车，但乙依然被撞身亡。此时按照偶然因果关系说，虽然强奸或者说追击行为本身并不会导致乙的死亡，但是介入了"车祸"这一偶然发生的事件，造成了乙的死亡，甲的行为依然与乙的死亡有着因果关系。偶然因果关系拓宽了因果关系的范围，与"条件说"有着相似的地方。但是依然将归责和归因混合在一起，相较于客观归责在归因的基础上归责这一层次分明的理论而言，略显简陋。

因果关系理论在英美法系中的发展是依靠长期实践得来的。对于因果关系的判定，通常采用"二层次原因论"，第一层次为事实原因，与"条件说"类似，即"无 A 则无 B"；关键在于第二层次"法律原因"，从事实原因中提取出在法律层面上有意义的因果关系，限制了因果关系的范畴，将"归因"和"归责"二者有机统一，综合评判行为与结果的因果关系，从而分配法律责任。

综上可以看出，现代因果关系理论，无论是英美法系还是大陆法系，其分配法律责任的方式是基本相同的，并无本质区别。我国法律学者逐渐走出苏联套路，理论发展逐渐繁荣。

第三节　法哲学实践课堂

主题一　专题研讨会：因果关系之原因与条件

【实践形式】
专题研讨会

【实践目标】
本环节的实践活动安排在第二节"法律责任的因果关系"的课堂教学完成

---

① 王作富：《中国刑法研究》，中国人民大学出版社，1988 年，第 128 页。

之后。通过本次研讨会，使学生在大体了解法哲学的基本结构的基础上，重点思考何谓法因果关系。究竟应该怎样理解和认识法原因和条件内涵。要使学生明确原因、条件、结果之间的关系，深化对因果关系的认识。

【实践设计】

1. 活动准备

首先，将学生进行分组，5 人左右一组。

其次，明确提出研讨会的主题和学生要思考的问题：原因和条件涉及哪些方面？原因条件的定位和基本结构有何重要意义？

最后，让学生带着问题来阅读参考资料《刑法因果关系研究》及其他相关文献，规定阅读完成的时间，明确阅读的具体要求，并引导每组学生做好材料收集。

2. 活动组织

时间：2 课时

地点：教室

各小组先展开讨论，讨论结束后，每组推荐 1~2 名代表发言；学生代表发言结束后，教师进行点评，引领学生对问题做进一步思索，达成对理论的更深层面解读。

【实践成果】

研讨会结束后，每位学生撰写一份研讨会的总结报告，字数要求在 2000 字以上。

【实践评价】

本次实践成绩的评定，主要依据以下几个方面的情况：

1. 材料准备情况。材料准备详实、充分为优秀；材料准备比较充分为良好；材料准备不充分为合格；没有准备为不合格。

2. 分组讨论和发言情况。能够积极参与、踊跃发言且观点清晰为优秀；参与比较积极、发言比较踊跃、观点比较清楚为良好；能够参与发言，但态度不够端正为合格；不参与发言为不合格。

3. 总结报告完成情况。提交的总结报告分析深刻、有理有据、能够理论联系实际为优秀；总结报告分析比较深刻、观点比较充分为良好；总结报告比较马虎为合格；没有总结报告或者非常马虎、草草了事为不合格。

【思考问题】

1. 研究因果关系对认定法律责任有何意义？
2. 因果关系是否为认定法律责任的唯一要素？
3. 可否认为存在因果关系必定将承担法律责任？
4. 法律上的因果关系与事实上的因果关系有何区别？

【参考资料】

张绍谦：《刑法因果关系》，中国检察出版社，2004 年。

主题二　读书报告会：关于法律责任要素的学习体会

【实践形式】

读书报告会

【实践目标】

本环节的实践活动安排在第一节"法律责任的分类"的课堂教学完成之后，通过本次读书报告会，使学生对法律责任基本内涵的形成和发展、法律责任的基本属性与功能作用等有一个更加深入的了解。

【实践设计】

1. 活动准备

首先，在课堂教学开始前，让学生课下阅读下列文献资料：

（1）边沁：《道德与立法原理导论》，时殷弘译，商务印书馆，2000 年。

（2）朱景文主编：《法理学研究》（下册），中国人民大学出版社，2006 年。

（3）冯军：《刑事责任论》，法律出版社，1996 年。

（4）彭俊良编：《民事责任论——制度构建与理论前瞻》，希望出版社，2004 年。

其次，提出在阅读相关文献时应关注的几个问题：法律责任基本内涵的形成和发展，法律责任的基本属性与功能作用等。

最后，给学生简单讲解一下相关文献。

2. 活动组织

时间：4课时

地点：教室

完成第三节的课堂教学后，先召开读书报告会，互相交流心得体会；然后教师点评，引领学生对问题做进一步思索，达成对理论的更深层面解读。

【实践成果】

读书报告会结束后，每位学生撰写一份读书报告，字数要求在2000字以上。

【实践评价】

本次实践成绩的评定，主要依据以下几个方面的情况：

1. 文献准备和阅读情况。文献准备详实、阅读认真为优秀；文献准备比较充分、阅读较认真为良好；文献准备不充分为合格；没有准备为不合格。

2. 心得体会交流时的情况。能够积极参与、踊跃发言且观点清晰为优秀；参与比较积极、发言比较踊跃、观点比较清楚为良好；能够参与发言，但态度不够端正为合格；不参与发言为不合格。

3. 读书报告完成情况。提交的读书报告分析深刻、有理有据、能够理论联系实际为优秀；读书报告分析比较深刻、观点比较充分为良好；读书报告比较马虎为合格；没有读书报告或者非常马虎、草草了事为不合格。

【思考问题】

1. 影响法律责任的要素有哪些？

2. 法律责任的承担有何原则或要求？

3. 是否存在法律责任就应当承担法律后果？

4. 法律责任可以做出怎样的划分？

【参考资料】

［英］H. L. A. 哈特：《惩罚与责任》，王勇、张志铭、方蕾等译，华夏出版社，1989年。

主题三　专家讲堂：关于侵权法与归责原则论述

【实践形式】

专家讲堂

【实践目标】

本环节的实践活动通过邀请专家学者对侵权法中不同因果关系学说演进历史、认识内涵、理论视域等问题进行专题讲座，帮助学生明晰不同侵权行为与结果因果关系判定，其归责机制不足之处及优越性，了解它们之间的联系与区别。

【实践设计】

1. 活动准备

（1）邀请并确认进行讲座的专家及讲座题目。

（2）提前告知学生讲座题目，要求学生阅读参考资料《侵权行为法研究》及相关经典文献和历史资料，整理好问题，做好相关准备工作。

（3）通知学生讲座的时间、地点，并安排好入场顺序和就座事宜。

2. 活动组织

（1）教师主持并动员学生认真听讲，做好记录，积极准备发言。

（2）专家讲座。

（3）学生提问，与专家进行互动。

（4）教师总结发言。

【实践成果】

专家讲座结束后，每位学生上交一篇心得体会报告，要求学生独立思考完成，有自己的观点及论据阐述，字数在 2000 字以上。

【实践评价】

本次实践成绩的评定标准主要依据以下几个方面的情况：

1. 文献准备和阅读情况。文献准备详实、阅读认真为优秀；文献准备比较充分、阅读较认真为良好；文献准备不充分为合格，没有准备为不合格。

2．专家讲座时的情况。能够积极参与、踊跃提问和发言且观点清晰为优秀；参与比较积极、提问和发言比较踊跃、观点比较清楚为良好；能够参与讲座，但态度不够端正为合格；不参与讲座为不合格。

3．心得体会报告完成情况。提交的心得体会报告分析深刻、有理有据、能够理论联系实际为优秀；心得体会报告分析比较深刻、观点比较充分为良好；心得体会报告比较马虎为合格；没有心得体会报告或者非常马虎、草草了事为不合格。

【思考问题】

1．法律责任的归责原则和条件是什么？

2．法律责任的免责条件是什么？

3．在各部门法中法律责任有哪些不同表现形式？

4．侵权关系的产生是否必然导致侵权人承担法律责任？

【参考资料】

王利明：《侵权行为法研究（上卷）》，中国人民大学出版社，2004 年。

第四节　精选案例

案例一：高空坠物案

"重庆烟灰缸案"

2000 年 5 月 11 日凌晨 1 点左右，原告郝某正在重庆市某一临街的楼房下聊天。此时从楼上飞下一只玻璃烟灰缸，恰好砸中郝某的头。郝某当即被送到急救中心抢救，共住院治疗 112 天，用去医药费 8 万余元。事发之后，公安机关立即派员勘察现场，但那只烟灰缸已被现场围观的群众摸过，指纹无法鉴别。在既不能经过鉴定以确定烟灰缸的所有人，又无法确定是谁在深夜扔下了这只烟灰缸的情况下，公安机关不予立案侦查，只是在法官调查时由侦查员口头说明对此伤害事件"基本上排除了人为故意伤害的可能性"。2001年3月，郝某将该临街楼房的开发商及居住的24家住户一起作为被告，起诉到了渝中区法院。要求赔偿其医药费、鉴定费、误工费、护理费、住院期间伙食补助费、伤残补助费、交通费、精神损害赔偿费，合计33万余元。渝中区法院判决认为：对于开发商，因为其不是房屋的使用人，不可能有从窗户里向外扔烟灰缸的行为，故不应承担赔偿责任；对于22家住户（两户房屋因无人居住，予以排除），则适用过错推定原则，将举证责任倒置，只要其不能举证排除自己有扔烟灰缸的可能性，就要承担赔偿责任。2001年12月，渝中区法院判决由22户房屋的实际使用人共同赔偿178233元，各承担8101.5元，案件的受理费和其他诉讼费用也由22户被告分摊。22户被告上诉到重庆第一中级人民法院。重庆第一中级人民法院在2002年6月维持了一审法院的判决。

"济南木墩致死案"

2001年6月20日中午12时许，孟秀云（老太太）站在济南市林祥街76号二单元一楼楼道入口前与邻居说话，突然被从二单元楼上坠落的一块木块砸中头部，当场昏倒，后被人送至齐鲁医院，经抢救无效死亡。济南市公安局市中分局刑事技术鉴定结论为：孟秀云颅骨骨折，硬膜外出血，硬膜下出血，蛛网膜下腔出血，结合现场情况分析，系高空坠物砸击颅脑损伤死亡，并于2001年7月2日以不符合公安部刑事立案标准为由决定不予立案。死者近亲属李义栋等五人于2001年7月28日以该单元二楼以上住户为被告，起诉至济南市市中区人民法院，请求赔偿医药费、护理费、误工费、交通费、丧葬费、死亡补偿费共计156740.40元，精神赔偿15000元。

济南市市中区法院以无法确定坠落物位置及所有人或者管理人，不能适用《民法通则》第126条为由，裁定驳回原告起诉。原告不服，上诉于济南市中级人民法院，济南市中级人民法院所查事实及认定与原审一致，于2002年3月21日，以（2002）济民五中字第205号民事裁定书，裁定驳回上诉，维持一审裁定。

原告后又申诉至山东省高级人民法院，山东省高级人民法院多数人认为，如查不清具体的责任人，十五个被告应平均承担受害人损失，少数人认为，应判决驳回原告的诉讼请求。经山东省高级人民法院向最高人民法院请示，最高人民法院审监庭于 2004 年 5 月 18 日以（2004）民监他字第 4 号电话答复山东省高级人民法院："经研究，同意你院审委会多数人意见，请努力对本案调解解决。"

山东省高级人民法院于 2004 年 5 月 24 日作出（2003）鲁民监字第 37 - 1 号民事裁定，决定对本案进行提审，经审理于 2004 年 6 月 4 日作出（2003）鲁民监字第 37 - 2 号民事裁定：一、撤销济南市市中区人民法院（2001）市民初字第 1663 号民事裁定和济南市中级人民法院（2002）济民五中字第 205 号民事裁定及（2002）济民监字第 82 号驳回申请再审通知书；二、发回济南市市中区人民法院重审。济南市市中区人民法院于 2005 年 3 月 22 日以（2004）市民初字第 4 号判决驳回原审原告的诉讼请求。原审原告又提起上诉，经济南市中级人民法院审理，于 2005 年 7 月 11 日以（2005）济民再终字第 54 号终审判决驳回上诉，维持市中区人民法院再审判决。①

【案例讨论】 高空坠物在无法查明加害者的情况下，让范围内可能的加害人共同承担法律责任是否妥当？

【案例点评】《侵权责任法》第八十五条规定：建筑物、构筑物或者其他设施及其搁置物、悬挂物发生脱落、坠落造成他人损害，所有人、管理人或者使用人不能证明自己没有过错的，应当承担侵权责任。所有人、管理人或者使用人赔偿后，有其他责任人的，有权向其他责任人追偿。然而在 2010 年《侵权责任法》实行之前，高空坠物这一类案件由于缺乏法律规范指引，导致各地区对于法律责任分配无法统一。从民事诉讼角度出发，根据"谁主张，谁举证"的原则，原告的证据并不充分的，如济南木墩案法院判决原告败诉，理所应当；从承担法律责任者的角度来说，那些未曾投下木墩或者烟灰缸的承担了他们所不应当承受的损失，违背了责任自负原则——让他们受到"株连"这一与现代法治格格不入的法律责任。杨立新教授认为："凡是建筑物的坠落物致人损害，都应当由坠落物的占有人承担赔偿责任。"

但是从受害人角度来说，举证的困难较大，甚至可以说基本无法举证，此类事件大多毫无征兆，且证据容易被人破获或者难以通过坠落物找到相应的法律责

---

① 刘士国：《楼上落下物致人损害加害人不明的法律救济》，《烟台大学学报（哲学社会科学版）》，2006 年 7 月。

任承担者。重庆渝中区法院判决其他住户承担赔偿责任，主要还是从救济被害人角度出发。这类做法暗合此时尚未出台的《侵权责任法》是救济法这一特性，将判决从因果关系角度转向了社会责任以及救济的角度。

尽管《侵权责任法》已经出台了相应的高空坠物的处理方法，但是每次出现"株连"式的判决，依然会引得大众对于此类案件的讨论，可以说这是一条充满争议的条款。

案例二：人肉搜索第一案

王某与死者姜某系夫妻关系，双方于 2006 年 2 月 22 日登记结婚。2007 年 12 月 29 日晚，姜某从自己居住楼房的 24 层跳楼自杀死亡。姜某生前在网络上注册了名为"北飞的候鸟"的个人博客，并进行写作。在自杀前 2 个月，姜某在自己的博客中以日记形式记载了自杀前 2 个月的心路历程，将王某与案外女性东某的合影照片贴在博客中，认为二人有不正当两性关系，自己的婚姻很失败。姜某的博客日记中显示出了丈夫王某的姓名、工作单位地址等信息。姜某在 2007 年 12 月 27 日第一次试图自杀前，将自己博客的密码告诉一名网友，并委托该网友在 12 小时后打开博客。

2007 年 12 月 29 日姜某跳楼自杀死亡后，姜某的网友将姜某博客的密码告诉了姜某的姐姐，后姜某的博客被打开。张某系姜某的大学同学。得知姜某死亡后，张某于 2008 年 1 月 11 日注册了非经营性网站，名称与姜某博客名称相同，即"北飞的候鸟"。在该网站首页，张某介绍该网站是"祭奠姜某和为姜某讨回公道的地方"。张某、姜某的亲属及朋友先后在该网站上发表纪念姜某的文章。张某还将该网站与天涯网、新浪网进行了链接。2008 年 1 月 10 日前后，姜某的博客日记即被一名网民阅读后转发在天涯网的社区论坛中，后又不断被其他网民转发至不同网站上。张某"北飞的候鸟"网站开办后，该网站上有关姜某的文章也被不断转载、传播，姜某的死亡原因、王某的"婚外情"行为等情节引发众多网民的长时间、持续性关注和评论。

许多网民认为王某的"婚外情"行为是促使姜某自杀的原因之一；一些网民在参与评论的同时，在天涯网等网站上发起对王某的"人肉搜索"，使王某的姓名、工作单位、家庭住址等详细个人信息逐渐被披露；一些网民在网络上对王某进行指名道姓地谩骂；更有部分网民到王某和其父母住处进行骚扰，在王家门口墙壁上刷写、张贴"无良王家""逼死贤妻""血债血偿"等标语。直至本案审理期间，许多互联网网站上仍有大量网民的评论文章。王某认为"北飞的候鸟"网站上刊登的部分文章中披露了其"婚外情"及姓名、工作单位、住址等个人隐私，并包含有侮辱和诽谤的内容，侵犯了其隐私权和名誉权，故起诉要求张某立即停止侵害、删除侵权信息，为其恢复名誉，消除影响，赔礼道歉，并赔偿其经济损失及精神损害抚慰金5万余元。

二中院经审理认为：公民依法享有名誉权，公民的人格尊严受法律保护。王某在与姜某婚姻关系存续期间与他人有不正当男女关系，其行为违反了我国法律规定、违背了社会的公序良俗和道德标准，使姜某遭受巨大的精神痛苦，是造成姜某自杀这一不幸事件的因素之一，王某的上述行为应当受到批评和谴责。但应当指出，对王某的批评和谴责应在法律允许的范围内进行，不应披露、宣扬其隐私，否则构成侵权。张某作为姜某的大学同学，在姜某自杀后以祭奠姜某、抨击王某不忠行为为目的设立"北飞的候鸟"网站，将王某的姓名、工作单位、家庭住址、照片及与他人有"婚外情"等私人信息在网站中向社会公众披露，并通过该网站与其他网站的链接，扩大了王某私人信息向不特定社会公众传播的范围，对相关网民对王某发起"人肉搜索"、谩骂王某、骚扰王某及其父母正常生活的不当行为有相当的推动和促进作用，严重干扰了王某的正常生活，造成了王某社会评价的明显降低。

张某作为"北飞的候鸟"网站的管理者未尽到应尽的管理责任，泄露王某个人隐私的行为已构成对王某的名誉权的侵害，张某应当对此承担相应的民事责任。张某以王某就其违背道德的行为不享有隐私权、其对姜某自杀这一公众事件的披露符合公众利益为由认为其不构成名誉权侵权，缺乏法律依据，本院不予采信。另，相关证据虽能证明在张某2008年1月11日开办"北飞的候鸟"网站前，部分网民已在其他网站披露了姜某自杀事件的经过，其间对王某的个人情况已有披露，但应当指出，他人对王某个人信息的披露不意味着张某可以继续对此予以披露、传播，他人此前对王某个人信息的披露不影响张某侵犯王某名誉权的事实成立。张某以其他网站先于"北飞的候鸟"网站披露事件经过、相关信息已不具备私密性为由不同意承担侵权责任，没有法律依据，法院亦不予采信。原审法院认定张某侵犯了王某的名誉权事实清楚、适用法律正确，法院予以维持。在此基础上，原审法院根据双方当事人的过错及相关具体情况，适当减轻了张某的赔偿责任，判令张某删除侵权的三篇文章及相关照片、判令张某赔礼道歉并酌情判令张某赔偿王某相应的精神损害抚慰金及公证费并无不当，法院亦予以维持。据此作出上述判决。

【案例讨论】　网络本身具备开放性的特征，对于网络的自由言论权利以及个人隐私，应当如何平衡？

【案例点评】　随着案件的终结，"人肉搜索""网络暴力"等词汇逐渐走进了人们的视野。网络在此之前一直处于"野蛮发展"的阶段，对于个人隐私和个人信息的保护不受控制，加上法律上对于网站免责机制的存在，导致网站对于内容审查过于宽松，多方因素促成了"人肉搜索"的诞生。

"人肉搜索"的主要矛盾是个人自由言论与个人名誉、隐私之间的矛盾。不可否认的是，在某些案例中，"人肉搜索"发挥了一定的积极作用，例如在"表哥"杨达才、"天价烟"周久耕案件中，起到了舆论监督作用。但是很多时候，网络言语的暴力侵犯了人的名誉权、隐私权。例如在"广东人肉搜索第一案"中，因店主贴出图片，指认徐某为小偷，徐某因不堪"人肉搜索"和言语暴力跳河自杀。店主承担了法律责任，但是在网络和现实中侮辱徐某的人却没有承担法律责任，对于这个多因一果的情形，到底如何进行价值判断才能达到预防暴力的目的？这是一个令人深思的问题。

参考文献

1．［美］E．博登海默：《法理学——法律哲学与法律方法》，邓正来译，中国政法大学出版社，2004 年。

2．［英］韦恩·莫里森：《法理学——从古希腊到后现代》，李桂林，等译，武汉大学出版社，2003 年。

3．［英］W．弗里特曼：《法律理论》，史蒂文斯公司，1967 年。

4．［美］罗斯科·庞德：《法理学》（第一卷），邓正来译，中国政法大学出版社，2004 年。

5．［德］古斯塔夫·拉德布鲁赫：《法哲学》，王朴译，法律出版社，2013 年。

6．［美］伯尔曼：《法律与革命——西方法律传统的形成》，贺卫方，等译，中国大百科全书出版社，1993 年。

7．吕世伦、文正邦：《法哲学论》，西安交通大学出版社、北京理工大学出版社，2016 年。

8．孙国华，朱景文：《法理学》，高等教育出版社，1994 年。

9．沈宗灵：《现代西方法理学》，北京大学出版社，1997 年。

10．严存生主编：《西方法律思想史》（第二版），法律出版社，2010 年。

11．顾肃：《西方政治法律思想史》，中国人民大学出版社，2005 年。

12．习近平：《习近平谈治国理政》，外文出版社，2014 年。

13．习近平：《在全国政协新年茶话会上的讲话》，《人民日报》，2015 年 1 月 1 日。

14．中共中央文献研究室：《三中全会以来重要文献选编：上》，人民出版社，1982 年。

后 记

　　2018 年，教育部与中央政法委联合印发了《关于坚持德法兼修实施卓越法治人才教育培养计划 2.0 的意见》，这是 2011 年的《关于实施卓越法律人才教育培养计划的若干意见》的升级版。这一"升级版"的教育培养计划突出了以下三个方面的基本要求：一是加强法学专业课程建设，要求高校健全法学教育课程体系，优化课程结构；二是突出职业伦理教育，要求高校将社会主义核心价值观教育贯穿法治人才培养全过程各环节，实现法律职业伦理教育贯穿法治人才培养全过程；三是注重法治人才培养过程中的实践教学环节，要求高校积极探索实践教学的方式方法，切实提高实践教学的质量和效果。《法哲学原理与实践》就是在这一新时代法治人才培养的新背景下"诞生"的。

　　"法哲学"是江苏大学法学硕士、法律（法学）、法律（非法学）教育培养的基础课程。由于不同类别的研究生在培养计划方面有不同的安排与需求，这就给授课教师的知识储备与授课方法提出了新挑战。"法哲学"课程教学小组在教学过程中不断探索课程体系与改进授课方法，取得了良好的教学效果。为此，"法哲学"被评为江苏省优秀研究生课程，同时被列为江苏大学研究教育精品课程。

　　《法哲学原理与实践》力争体现新时代卓越法治人才培养的新特征与新要求。注重基本知识点与前沿知识点相结合；注重理论教学与实践教学相结合；注重法治人才培养的应用性与创新性相结合；注重职业伦理教育与法学专业教育相结合。

　　《法哲学原理与实践》共编排九章内容。编写章节结构与内容体系由本书主编共同讨论确定。本书邀请"法哲学"课程教学小组组长刘同君教授作序，并指导本书编写。董玉荣副教授负责统稿与出版接洽工作，并完成后记、第一章、

第二章、第三章、第四章、第五章内容的撰写；秦媛媛助理研究员负责全书校对工作，并完成第六章、第七章、第八章、第九章内容的撰写。

《法哲学原理与实践》能够顺利付梓，感谢江苏大学研究生院的指导与支持，感谢江苏大学出版社及编辑人员的辛勤付出，感谢李文超、陶雨欣、韩妞、黄致远等 4 位研究生在资料搜集等方面的辅助性支持。本书在编写中参阅和引用了一些专家学者的研究成果，谨此一并致谢。

董玉荣

2019 年 5 月